AF465268

DE
L'INTERVENTION
AU POINT DE VUE DU
DROIT INTERNATIONAL

PAR

Jean TANOVICEANO

> Il y a um code pénal pour les peuples comme pour les individus. (L. Blanc : *Question d'aujourd'hui et demain*).

PARIS
L. LAROSE ET FORCEL
Libraires-Éditeurs
22, RUE SOUFFLOT, 22

1884

DE

L'INTERVENTION

AU POINT DE VUE DU DROIT INTERNATIONAL

DE

L'INTERVENTION

AU POINT DE VUE DU

DROIT INTERNATIONAL

PAR

Jean TANOVICEANO

> Il y a um code pénal pour les peuples comme pour les individus. (L. Blanc : *Question d'aujourd'hui et demain*).

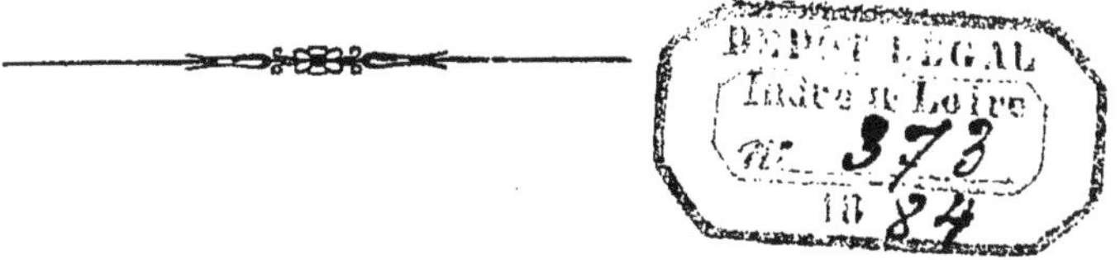

PARIS
L. LAROSE ET FORCEL
Libraires-Éditeurs
22, RUE SOUFFLOT, 22

1884

DE L'INTERVENTION

AU POINT DE VUE DU DROIT INTERNATIONAL

« Il est un code pénal pour les peuples comme pour les individus. (L. Blanc, *Question d'aujourd'hui et de demain.*)

Je me propose de prouver dans cette étude que l'intervention dans les affaires intérieures d'une nation est un fait regrettable, tout aussi injuste en soi que funeste en ses conséquences ; qu'elle constitue une violation de l'égalité qui doit régner parmi les États indépendants, et enfin que la *non-intervention absolue* est le seul véritable principe qui doit régir les rapports entre les nations.

La difficulté du sujet est extrême. « La matière du « droit d'intervention, dit M. G. Rolin-Jaequemyns, « est une des plus graves, sinon la plus grave de tout « le droit international, parce qu'elle touche à la fois à ce « que l'on pourrait appeler les deux pôles de la société des « nations : d'un côté l'indépendance essentielle des États, « de l'autre la solidarité (1). » Et M. G. Carnazza Amari commence son excellente étude sur l'intervention en disant

(1) *Revue du droit international*, 1876, p. 676 et 677.

1*

que « Jamais peut-être thème du droit des gens ne fut plus « diversement étudié, plus énergiquement discuté, plus « différemment développé et décidé que le principe de non-« intervention, » et que néanmoins il n'existe pas encore aujourd'hui un principe certain, assuré et uniforme (1). Mais si la matière de l'intervention est d'une difficulté rebutante son importance est immense dans le droit international, ce qui compense un peu les difficultés dont elle est hérissée. Il faut beaucoup de méthode et une grande attention dans l'emploi des mots usités, pour arriver à un résultat satisfaisant; c'est ce qui me fait craindre que, malgré les études et les réflexions faites, mon travail sera tout aussi défectueux, peut-être même plus, que ceux de mes devanciers.

La définition du mot *intervention*, au point de vue du droit international, n'est pas chose facile : certains auteurs n'en donnent aucune (2), d'autres en donnent une qui est manifestement inexacte; j'ajoute que je ne puis accepter aucune des définitions qu'on a présentées jusqu'à présent. Un certain vague règne sur la notion même de l'intervention et ceci a grandement contribué à la confusion et au dissentiment qui existe parmi les auteurs qui ont traité cette matière. Par conséquent la première chose à faire, c'est de préciser la signification du mot intervention.

D'une manière générale l'intervention c'est le fait de se mêler d'une affaire quelconque, et dans la langue juridique c'est le fait de prendre part à quelque affaire légale ou judiciaire; quant au droit international, il emploie ce mot pour désigner l'immixtion dans les affaires intérieures d'un État. Malheureusement ce terme prête à l'équivoque, car, intervenir, à proprement parler « signifie le fait d'une puissance

(1) *Revue du droit international*, t. V, 1873, p. 352.
(2) Wheaton, Martens, Kluber, Heffter.

« qui s'interpose entre deux peuples ou entre deux parties « contendantes d'un même peuple » (1), or il est certain qu'il y aurait une intervention alors même que tous les membres de l'État dans lequel on intervient seraient d'accord entre eux ; c'est même de toutes les interventions la plus condamnable et la plus caractérisée. Il y a plus : le mot intervention pourrait s'appliquer, et parfois la diplomatie l'applique effectivement, dans le cas où l'on s'interpose dans les affaires pendantes entre deux ou plusieurs États (2) ; or il est certain que dans ce cas il n'y a pas d'intervention dans le sens du droit international.

M. W. Hall montre très bien le caractère équivoque de cette expression en disant que : « L'intervention a lieu « lorsqu'un État s'immisce dans les relations de deux « autres États sans leur consentement ou sans le consentement de l'un d'entre eux ; *ou* lorsqu'un État se mêle à des « affaires domestiques des autres États sans tenir compte « de leur volonté, dans le but de maintenir ou d'altérer « l'état actuel des choses (3). »

J'ajoute enfin que l'intervention se présente sous divers aspects :

1° *Officielle ou officieuse*, lorsqu'elle s'exerce par des notes livrées à la publicité, ou par des représentations orales ou écrites.

2° *Collective*, lorsqu'elle donne lieu à des congrès ou à des conférences internationales ;

3° *Armée*, lorsqu'elle se produit par une menace qui em-

(1) Mamiani. *Nuovo diritto publico europeo*, ch. IX, § 4.

(2) L'étymologie du mot se prête merveilleusement à cette acception, car le mot *intervention* ne vient pas de *intus* et *venio*, comme le prétend M. Carnazza Amari, mais de *inter* et *venio*.

(3) W. Hall, *International law*, Oxford, 1880, IIe partie, ch. VIII § 18, p. 240 ; voir dans le même sens : H. Strauch. *Zur Interventions-Lehre*. Heidelberg, 1879, p. 2.

pêche une nation d'agir librement, ou par l'envoi des troupes qui envahissent et occupent effectivement le territoire ennemi ;

Et 4° *Pacifique*, dans le cas contraire (1).

Il résulte de ce qui précède que le mot intervention n'a pas un sens bien précis, il a été introduit dans le droit international par la diplomatie contemporaine, et il a le défaut de trop servir la diplomatie par son ambiguïté.

Quel est donc le véritable sens qu'il faut attribuer à ce mot vague ?

M. P. Fiore dit que : « L'intervention, dans le droit « international, signifie l'interposition d'un ou de plusieurs « États, dans les affaires d'un ou de plusieurs États (2). »

Cette définition est inacceptable, parce qu'elle ne dit pas que l'intervention doit s'exercer dans les affaires intérieures de l'État ou des États, qui subissent l'intervention, or, il est presque universellement admis dans la doctrine que l'interposition dans les affaires extérieures des deux ou des plusieurs États, ne constitue pas une intervention dans le sens du droit international. La même critique peut être adressée à la définition de M. Ch. Calvo et à celle de M. F. de Martens.

Le premier de ces deux auteurs dit que : « L'*intervention* « signifie l'entremise d'un État dans les affaires, soit inté- « rieures, soit *extérieures* d'autres États, et, par suite, « l'action exercée pour faire valoir la volonté étrangère « sur la volonté nationale (3). » Selon le second : « Quand « deux États sont en désaccord, et qu'un troisième se « mêle de leurs affaires sans en être prié, il y a interven-

(1) Confr. Ch. Calvo, *Droit international*, 3e édit., Paris 1880, t. I, p. 227, § 107.

(2) P. Fiore, *Trattato di diritto internazionale publico.*, Torino, 1879-82, t. I, p. 423.

(3) Ch. Calvo : *op. cit.*, t. I, p. 227 (§ 107).

tion (1). » Ces deux définitions et surtout la dernière, sont inadmissibles : l'intervention dans les affaires intérieures et celles dans les affaires extérieures d'un État sont deux choses très distinctes, qu'il faut se garder bien de mêler ensemble, sous peine d'aboutir à une complète confusion. La véritable intervention, la seule qui fera l'objet de notre étude, c'est l'intervention dans les affaires *intérieures* d'un ou de plusieurs États; quant à celle qui s'exerce dans les relations extérieures des États, je ne lui conteste pas le nom d'intervention, mais je montrerai plus loin qu'elle a un caractère tout différent de la première.

J'accepte donc provisoirement, sauf à la rectifier plus tard, la définition donnée par Casanova : « Il y a interven-
« tion lorsqu'un État s'interposant dans les affaires exté-
« rieures d'un autre État, prétend modifier son système
« politique. Peu importe qu'il agisse avec des menaces, des
« invasions, ou avec tout autre moyen de violence (2). » Avant d'aller plus loin, je crois qu'il est utile de dire le plan que je compte suivre.

Je diviserai la matière qui forme l'objet de cette étude en deux parties : 1° Théorie ou doctrine de l'intervention ; 2° Pratique ou histoire des interventions. La première partie comporte nécessairement une subdivision : je trai-

(1) F. de Martens. *Droit international*, trad. du russe par Léo, Paris 1883, p. 396.

(2) Casanova, *Diritto internazionale*, 3e édit., Firenze, vol. I, p. 70 (lez. v). Voir dans le même sens T. Mamiani, *op cit.*, ch. IX, § 34; Pierantoni. *Storia degli studii del diritto internazionale, in Italia*, p. 241 ; Carnazza-Amari, *Rev. du droit int.*, 1873. t. V p 353. La définition de Bluntschli est peut-être plus acceptable : « Intervention dans le sens étroit du mot s'appelle l'immixtion au-
« toritaire d'un État étranger dans les affaires des autres États indépendants. » (Bluntschli, *Das moderne Volkerrecht*, Nordlingen, 1878, p. 269; règle 474 n° 5.)

terai donc d'abord la question au point de vue du droit, ensuite au point de vue de l'utilité, et enfin dans un troisième chapitre je ferai l'historique de la doctrine de l'intervention.

PREMIÈRE PARTIE

THÉORIE DE L'INTERVENTION

CHAPITRE PREMIER

DE L'INTERVENTION AU POINT DE VUE DU DROIT

Si une personne voulait me poser la question suivante : L'intervenion dans les affaires d'un État est-elle une chose légitime ? Je répondrais avec tous les maîtres de la science du droit international : *non*, elle ne l'est pas !

Si l'on me demandait encore : n'y a t-il au moins des cas exceptionnels dans lesquels cette intervention soit légitime ? Je répondrai encore une fois sans aucune hésitation : *non*, je n'en connais aucun !

Examinons.

Au premier abord il semble que l'intervention soit légitime au moins dans certains cas, que tout dépende du but que l'État intervenant s'est proposé lorsqu'il s'est immiscé dans les affaires intérieures d'un autre État ; il semble, dis-je, que le critérium de la légitimité de l'intervention se trouve dans le but que l'État intervenant poursuit par son immixtion. Si l'on envisage la question sous ce point de vue, l'intervention est un progrès dans les relations internationales et toute personne bien intentionnée devrait désirer la généralisation de ce fait.

En se plaçant à ce point de vue, l'éminent jurisconsulte et homme d'État belge M. G. Rolin-Jaequemyns fait des réserves sur le principe de non-intervention, et il termine un article qu'il consacre à ce sujet en disant : « Citoyen dévoué « d'un pays libre, fier de ma patrie, confiant dans son « avenir, je n'ai aucune crainte que l'on puisse un jour in- « voquer contre elle une *règle dont la seule portée est de « rappeler à tous les États, petits ou grands, que malgré leur « indépendance, ils ne sont pas seuls au monde, qu'ils font « partie de l'humanité, que comme tels ils ont des obligations « corrélatives à leurs droits* (1). »

Nous trouvons la même idée dans les lignes suivantes de M. Arntz : «... Depuis plusieurs années je cherche une for- « mule qui puisse justifier l'intervention dans les affaires « *intérieures* d'un autre État, en même temps que la *limiter* « et *en prévenir les abus*. Je me suis dit : Supposons au milieu « de l'Europe un État qui tout-à-coup s'avise de proscrire « d'une manière absolue l'exploitation sur son territoire de « tout chemin de fer ou de toute voie télégraphique, de « manière à intercepter en quelque sorte, ou à aggraver « considérablement les communications internationales, « dont il est naturellement appelé à devenir l'intermédiaire. « Est-ce que l'Europe tolérerait cet état de choses ? Ou « bien, au milieu de l'Europe, il y aurait un petit potentat « qui ferait le tyran, torturant, condamnant à la potence, « au bûcher pour le plus minime délit, de sorte que la fumée « des cadavres monterait jusqu'au cerveau des voisins ? « Le laisserait-on faire ? Les fusils des étrangers par- « tiraient presque d'eux-mêmes pour le chasser de son « domaine, si son peuple était trop faible (1) pour le détrô- « ner. Faudrait-il, *par respect pour la souveraineté*, laisser « piller, égorger, pendre, brûler presque sous ses fenêtres ? « Supposons encore qu'un État possède seul un produit re-

(1) *Revue du dr. int.*, 1876, t. VIII, p. 682.

« connu comme remède efficace contre une maladie géné-
« ralement répandue, par exemple le quinquina. Le monde « ne peut pas s'en passer sans subir de grandes souffrances. « Cependant le souverain du pays producteur de ce re-« mède en défend arbitrairement l'exportation. Faudrait-il « que le monde pérît de la fièvre par respect pour la sou-« veraineté d'un État ?

« Je crois que, dans tous ces cas, la conscience hu-« maine se prononcerait pour la légitimité de l'interven-« tion (1) ».

A ces hypothèses nullement irréalisables, selon M. Rolin-Jaequemyns, celui-ci en ajoute une autre : « Ce serait « le cas où, au lieu d'un monarque despote, outrageant les « lois de l'humanité, une faction victorieuse se livrerait, « fût-ce sous le nom de république ou de démocratie, à « des excès analogues, ou bien celui où deux partis, de force « à peu près égale, se feraient, sans probabilité d'une issue « prochaine, une guerre civile d'extermination, massacrant « les prisonniers et les otages, et menaçant de replonger « dans la barbarie toutes les parties du pays que la lutte « n'aurait pas changées en désert (2) ».

Enfin, dans le même ordre d'idées, Bluntschli semble désirer « que le droit international devienne moins timide « à l'avenir, et qu'on se croie autorisé à intervenir lors-« qu'un État ne respecte pas suffisamment les lois de l'hu-« manité (3). »

Voilà ce que l'on peut dire d'une manière générale en faveur de l'intervention.

(1) Lettre du professeur Arntz à M. G. Rolin-Jaequemyns : *Rev. du dr. int.*, 1876, p. 673 et 674.

(2) *Rev. du dr. int. loc. cit.*, p. 676.

(3) Bluntschli, *Dr. intern. codif*, trad. de l'allemand : Edit. 1874, Introd. p. 19.

Je ne crois pas que ces idées soient justes, et pour le prouver, je veux examiner le fondement sur lequel s'appuie la non-intervention, qui est considérée par tous les auteurs comme la règle dont l'intervention n'est que l'exception.

La société humaine se compose de plusieurs États ou nations ; ces collectivités ont des droits et des devoirs, comme les individus qui les composent ; les premiers peuvent se résumer dans le droit de vivre et d'être respectées par les autres nations ; les devoirs peuvent se résumer, eux aussi, dans le respect dû aux autres nations. Ces principes assurent la liberté et l'égalité des peuples, et personne ne saurait contester leur légitimité. » Le principe de non-intervention, — dit Casanova, — est la liberté individuelle des États (1) ; il aurait pu ajouter, qu'il est en même temps l'application de la loi de l'égalité parmi les nations.

En vertu de ce principe chaque peuple a le droit de régler comme bon lui semble ses affaires intérieures, et en faisant ainsi il ne nuit nullement aux droits des autres peuples, car ceux-ci n'ont aucun droit dans ses affaires intérieures. En effet les droits d'une nation, comme ceux d'un individu, sont de deux espèces : les uns sont intérieures et analogues au droit de propriété ; les autres sont extérieures et analogues aux créances : ces derniers ne peuvent résulter que d'un traité *librement* consenti, et ils sont d'interprétation étroite, parce qu'ils restreignent la liberté d'un autre peuple.

Mais, bien entendu, il faut pour que ces traités soient valables qu'ils ne soient pas contraires aux bonnes mœurs, et je crois qu'il faut considérer comme tel le traité qui au-

(1) Casanova, *Dr. internat.*, p. 69.

rait pour but d'enchaîner la liberté d'un peuple de se donner telle forme de gouvernement qui lui plaît.

Y a-t-il d'autres circonstances desquelles il puisse résulter des droits pour un peuple à l'encontre d'un autre peuple sans qu'il soit intervenu un traité ? Sans doute ! c'est lorsque les droits du voisin ont été lésés, c'est-à-dire lorsqu'il s'agit d'un délit ou d'un quasi-délit : dans ces cas on peut demander la réparation du préjudice souffert par la voie des armes, si le peuple qui a commis le fait préjudiciable ne consent à donner une satisfaction à l'amiable(1).

Voilà les règles du droit civil positif, et je crois qu'il faut les appliquer dans les relations internationales, car la justice est la même entre les peuples qu'entre les individus. On soutient que l'intervention est légitime, lorsqu'un « gouvernement, tout en agissant dans la limite de ses « droits de souveraineté, viole les droits de l'humanité.. « par des excès d'injustice et de cruauté qui blessent pro- « fondément nos mœurs et notre civilisation, lorsque deux « partis, de force à peu près égale, se feraient, sans pro- « babilité d'une issue prochaine, une guerre civile d'exter- « mination », lorsqu'un peuple serait réfractaire à la civilisation ; lorsqu'il ne voudrait pas entrer en des relations commerciales ou vendre son quinquina, etc. etc. Mais dans tous ces cas, et tant d'autres, d'où pourrait-on tirer le droit d'intervenir ? D'un contrat ? Il n'y en a pas. D'un délit ou d'un quasi-délit ? Le peuple coupable n'en a commis aucun par rapport aux autres peuples, car leurs droits n'ont été aucunement lésés. De la loi ? Il n'y a pas de loi écrite parmi les nations. M. Arntz croit qu'on peut s'emparer de vive force du quinquina d'un peuple, lorsque ce peuple refuse arbitrairement de le communiquer aux

(1) Nous ne parlons pas de quasi-contrat, car leur application est presque nulle dans les rapports internationaux.

étrangers ; je ne suis pas de cet avis, et il m'est bien facile de montrer combien cette doctrine est peu conforme aux principes juridiques.

Supposons, puisque nous sommes sur le terrain des suppositions, qu'il y ait dans un pays plusieurs personnes très riches et d'autre part plusieurs individus mis dans *l'impossibilité de travailler* et réduits dans la plus grande misère. — La faim est aussi une espèce de maladie, c'en est même une des plus horribles et qui conduit inévitablement à la mort ; quant à son remède tout le monde le connaît, il est infaillible ; eh bien ! je demande à M. Arntz, s'il juge que les pauvres ont, dans cette hypothèse, *le droit* de s'emparer d'une partie des biens des riches (1) ? Certainement le savant professeur, qui n'est pas un socialiste, répondrait que non, mais alors on peut lui demander quelle est la raison de distinguer entre les deux cas ? Il faut reconnaître que, s'il n'y a qu'une justice au monde, cette distinction est évidemment fausse.

Quant à ces hypothèses péniblement travaillées et aux arguments déclamatoires sur lesquels on les appuie, ils ne valent pas grand'chose. On parle de la fumée des cadavres, qui monte jusqu'au cerveau des voisins ; ces voisins ont les nerfs olfactifs trop sensibles, mais pourquoi ne cherchent-ils à neutraliser l'effet de cette odeur désagréable par le parfum de leurs actions ? On dit encore que ces miasmes corrompent l'atmosphère, mais il y a un moyen bien simple de s'en préserver, c'est d'établir une quarantaine et de rompre toute relation avec ce peuple qui viole les lois de l'humanité. Au lieu de ces moyens pacifiques, on parle de fusils qui partent d'eux-mêmes, mais les fusils n'ont pas, si je ne me trompe, le

(1) Je ne demande pas s'ils sont excusables, tout le monde admet dans ce cas l'affirmative : mais bien si leur fait était légitime ; ce qui est tout autre chose.

don de diminuer le nombre des cadavres, ou de désinfecter l'atmosphère corrompue par leur fumée !

Laissons donc toutes ces suppositions fantastiques, elles paraissent avoir été inspirées par l'histoire de Busiris, de Phalaris et de Diomède de Thrace, mais toutes ces vieilleries de Grotius (II, 25, § 8, n° 3) ne peuvent pas trouver raisonnablement leur place dans une œuvre de droit international moderne. Ce n'est pas au déluge qu'il faut remonter pour trouver des exemples à l'appui d'une exception qu'on veut formuler de nos jours.

« Sans aucun doute, comme le dit très bien M. Hau-« tefeuille, il est très facile de faire, sur un pareil thème, « de grandes et belles phrases, de parler de devoirs et « d'humanité, de solidarité humaine, de la fraternité des « peuples, mais en droit strict, le souverain, sous quelque « sombres couleurs qu'on veuille bien le peindre, ne saurait « se soutenir sur le trône s'il n'était appuyé par une partie « quelconque de la nation (1). »

En réalité, aucun des motifs qu'on a invoqués pour soutenir telle ou telle exception au principe de non-intervention, ne peut résister à une analyse sérieuse ; il faut donc rejeter résolument toutes ces exceptions plus ou moins arbitraires, qui n'ont aucune espèce de fondement juridique et qui ont en outre le défaut capital de rendre illusoire la règle de non-intervention. « Pour pouvoir reconnaître l'in-« tervention, dit M. Carnazza Amari, si peu que ce soit, « à l'état d'exception, il faut croire qu'il y a un moment « où la souveraineté nationale interne peut être exercée « par un autre État ; il faut admettre qu'un peuple puisse « juridiquement s'asservir en tout ou en partie à un autre, « que la souveraineté et la volonté nationales doivent se

(1) Hautefeuille : *le Princ. de non-intervention.* (*Revue contemporaine* du 31 juillet 1863, 2e série, tome XXXIV, p. 211.)

« subordonner, dans le gouvernement intérieur, à celles « d'un autre État, qui aurait le droit d'exercer en cette « matière une juridiction souveraine et prépondérante. Il « faut reconnaître que, parmi les peuples, quelques-uns « sont appelés à commander, d'autres à obéir, que les puis- « sants ont droit à un gouvernement fort, les faibles à un « gouvernement esclave, que c'est aux forts à faire la loi, « aux moins forts à y obéir (1). »

Telle est la question de l'intervention au point de vue doctrinal, et on voit qu'elle n'est pas bien compliquée ; envisageons-la maintenant au point de vue pratique, en prenant comme exemple l'intervention la plus usitée dans notre siècle, celle qui a pour but de faire cesser une guerre civile.

La plupart des luttes intestines dont notre siècle a été témoin, ont été le résultat de l'antagonisme entre le principe du droit divin et le principe de la souveraineté du peuple, posé par la grande Révolution française. Ce sanglant procès entre les peuples révoltés et leurs souverains, à qui appartient-il de le trancher. Au peuple révolté ? Il sera juge en sa propre affaire. Au souverain contre lequel il est révolté ? Même réponse que tout à l'heure ; il ne peut pas être en même temps partie et juge. Aux autres peuples ? Ils prendront toujours partie et cause pour le peuple et contre son souverain, et le contraire arriverait si c'étaient les souverains étrangers qui jugeaient le procès entre leur collègue et son peuple.

Quel sera donc le juge de ce grand procès ? Je n'en connais qu'un seul, ce sont les parties litigantes elles-mêmes, qui s'entendront comme elles le pourront.

Mais, dira-t-on, ce sera toujours le plus fort qui l'em-

(1) *Revue du dr. intern.*, 1873, t. V, p. 370.

portera et qui dictera sa loi au plus faible, or, *bataille n'est pas droit.* Eh bien oui ! cela est vrai, mais c'est là une chose fatale, inévitable : là où il n'y a pas une justice forte et impartiale, c'est la force qui décide les différends : le plus fort a toujours raison, le plus faible a toujours tort. C'est triste, déplorable, infâme si l'on veut, mais c'est certain et ce n'est pas moi qui l'ai inventé.

Du reste le système qui admet l'intervention dans ce cas vaut-il mieux que notre solution ? Examinons ! Quel est son moyen ? C'est la guerre. Quel est son mobile ? C'est l'intérêt de l'intervenant, comme nous allons le prouver tout à l'heure. Quel est son but ? C'est de faire triompher le parti le plus faible, contre celui qui est plus fort ; or les plus faibles n'ont pas toujours le droit de leur côté, et il est même à présumer qu'ils ne l'ont pas la plupart du temps, parce qu'ils sont en minorité (1).

Voilà donc ce à quoi aboutit en définitive le système de l'intervention dans les guerres civiles ; c'est de faire triompher *par la force,* le parti qui a moins de chances d'avoir droit. Je me demande alors : où voit-on la justice dans tout ceci ? Des juges incompétents et sans mandat, poussés par l'intérêt, ayant la guerre pour moyen et le triomphe de leurs intérêts personnels pour fin, est-ce là ce qu'on appelle justice ? J'avoue que je ne puis pas la reconnaître sous ces vils traits !

Et qu'on ne vienne pas nous dire que les interventions ont pour but de rétablir l'ordre dans un pays déchiré par l'anarchie, qu'elles sont dictées par l'intérêt du pays dans lequel on intervient. Les auteurs de l'intervention de 1823, se chargeraient eux-mêmes, au besoin, de donner le plus formel démenti à une pareille supposition. Ce n'était pas de l'intérêt de l'Espagne que se souciait le roi Louis XVIII

(1) J. Tissot, *Princ. du dr. publ.*, IIe partie : *droit international.* Paris, 1872, p. 15.

en intervenant dans ce pays, mais de conserver les prérogatives de la couronne de Ferdinand VII, Bourbon comme lui ; voilà ce qu'il disait dans son message d'ouverture du 28 janvier 1823, en portant à la connaissance des Chambres son intention d'intervenir en Espagne : « Mais la justice « divine permet qu'après avoir longtemps fait éprouver « aux autres nations les horribles effets de nos discordes, « nous soyons nous-mêmes exposés aux dangers qu'a- « mènent des calamités semblables chez un peuple voisin.

« La guerre ne sera entreprise que pour conquérir la « paix (!), que l'état de l'Espagne rendrait impossible. *Que « Ferdinand VII soit libre de donner à ses peuples les institu- « tions qu'ils ne peuvent tenir que de lui*, et qui, assurant leur « repos, dissiperaient les justes inquiétudes de la France : « dès ce moment les hostilités cesseront ; j'en prends de- « vant vous, messieurs, le solennel engagement (1). »

Et la Chambre répondait le 4 février suivant à son roi par cette phraséologie byzantine : « Pourquoi faut-il qu'il « soit perdu pour l'Espagne l'exemple mémorable du re- « tour rapide, inespéré de notre prospérité, après des « malheurs et des pertes inouïes, lorsque ce retour est évi- « demment dû au triomphe de la légitimité, ainsi qu'a l'al- « liance intime de la religion, de l'ordre et de la liberté ? « et par quelle fatalité les conseils désintéressés d'un « monarque dont l'Europe respecte la sagesse, honore la « loyauté, ont-ils été repoussés par ceux *qui tiennent sous le « joug une nation* avec laquelle nous n'avons pas seulement « les rapports du voisinage et les besoins réciproques, « mais encore les liens qui naissent de l'intérêt politique « d'une commune foi, et *de la parenté des souverains ?*

« Sire, pour préserver l'Espagne d'une ruine imminente

(1) *Moniteur universel*, 1823, n° 29, p. 107, col. 2 et 3.

« dont les suites seraient funestes à notre propre tranquil-
« lité (?), vous avez appelé aux armes cent mille Français,
« à leur tête marche un prince de votre famille, etc....,
« ses vertus sont le gage assuré que Votre Majesté pré-
« sente au peuple qu'elle veut délivrer (?) ; à ce peuple à
« qui l'on offre un appui salutaire (1) pour l'aider à se dé-
« rober enfin à l'anarchie qui le dévore, et à garantir son
« bonheur en même temps que le repos des nations (?), à
« l'abri des institutions librement émanées de l'autorité
« légitime (2). »

Je me demande pourquoi cette Chambre, qui affectait d'être si soucieuse de l'intérêt de l'Espagne, ne prenait pas la peine de consulter ce pays qu'on envahissait deux fois en quinze ans, car enfin, nul, à moins d'être fou, ne connaît mieux son intérêt que soi-même. En réalité, ce n'était pas de l'intérêt de l'Espagne qu'il s'agissait, le roi Lous XVIII le disait lui-même tout clairement : « Que Ferdinand VII « soit libre de donner à ses peuples les institutions qu'ils « ne peuvent tenir que de lui-même. » Oui ! que Ferdinand VII soit libre ! mais pourquoi l'Espagne ne le serait-elle aussi ? Les plus grands ennemis du roi d'Espagne auraient été très contents de lui laisser toute la liberté, à condition qu'il leur laissât lui aussi, quelques-unes des libertés réclamées par l'esprit du siècle. Avaient-ils raison ou tort ? C'est là une question politique qu'il ne convient pas de traiter ici ; mais une chose est certaine à mes yeux, c'est que ni le roi de France, ni son parlement, n'avaient le droit de juger le différend entre le peuple espagnol et son roi. Il y a une autre chose, qui n'est pas moins

(1) Était-ce bien au peuple qu'on offrait l'appui ? Pour ma part, j'en doute fort !

(2) *Mon. univ.*, 1823, n° 36, p. 137, col. 2. (Réponse de la Chambre au discours du trône.)

certaine, c'est qu'on se souciait très peu des intérêts de l'Espagne ; écoutons Chateaubriand, le grand promoteur de l'intervention de 1823 : « D'abord *nos intérêts* sont bles-« sés par l'état de souffrance où la révolution tient une « partie de notre commerce... D'une autre part, nos pro-« vinces limitrophes de l'Espagne ont le besoin le plus « pressant de voir se rétablir l'ordre au delà des Pyrénées. « Dès le mois de juin 1820, et alors il n'était pas question « de guerre, un honorable député a dit à cette tribune que « la révolution espagnole, en interrompant les communica-« tions avec la France, *diminuait de moitié la valeur des « terres du département des Landes.* Le commerce seul des « mules et des mulets était d'une valeur considérable (ici « le grotesque se mêle au cynisme!). Le paysan de Rouer-« gue de la Haute-Auvergne, du Haut-Limousin, du Poi-« tou, payait souvent sa contribution foncière avec le prix « des mulets, et il n'y avait pas jusqu'au Dauphiné qui ne « participât à cet avantageux trafic. Nos grains du Midi « s'écoulaient ainsi en Espagne, qui les payait en piastres, « sur la négociation desquelles s'établissait un nouveau « gain. Nos toiles trouvaient un vaste marché dans les « ports de la péninsule espagnole (1) ».

L'intérêt des muletiers de Rouergue, de la Haute-Auvergne et du Haut-Limousin, ou plutôt les intérêts du fisc, voilà ce qui préoccupait Chateaubriand ; quant à l'Espagne, il semble, d'après l'auteur des *Martyrs*, que ce pays étant en commerce avec la France, celle-ci a gagné une espèce de droit de faire le commerce avec elle !

Et, il faut remarquer que c'est là le motif avouable de l'intervention, quant au véritable motif, c'était l'intérêt dynastique et un autre que je ferai connaître plus tard.

(1) *Mon. univ.*, séance du 25 février 1823, p. 231, col. 3.

L'intérêt substitué à la justice, la guerre internationale remplaçant la guerre civile et la volonté étrangère substituée à la volonté nationale, tels sont les effets et le véritable aspect de toute intervention dans les affaires intérieures d'un État. Les partisans de l'intervention eux-mêmes ont reconnu qu'il leur était impossible de soutenir un principe si odieux, mais la diplomatie est assez fine, pour trouver le moyen de lui donner l'apparence de l'équité, disons mieux, pour éluder le principe de non-intervention, quand il devient embarrassant. Laissons parler encore une fois Chateaubriand : il discute la question au point de vue doctrinal, et il faut avouer qu'il est impossible de l'exposer avec plus de netteté et de talent que le brillant écrivain :
« Nul gouvernement n'a le droit d'intervenir dans les af-
« faires intérieures d'un autre gouvernement.

« En effet, si ce principe n'était pas admis, et surtout
« par les peuples qui jouissent d'une constitution libre,
« aucune nation ne serait en sûreté chez elle. Il suffirait
« de la corruption d'un ministre ou de l'ambition d'un roi
« pour attaquer tout État, qui chercherait à améliorer son
« sort. Au divers cas de guerre déjà trop multipliés, vous
« ajouteriez un principe perpétuel d'hostilités, principe
« dont chaque homme en pouvoir serait juge, puisqu'on au-
« rait toujours le droit de dire à ses voisins : « Vos insti-
« tutions me déplaisent, changez-les, ou je vous déclare la
« guerre. »

D'après ce préambule on pourrait croire que Chateaubriand va soutenir le principe de non-intervention : eh bien non! il va conclure en faveur de l'intervention en Espagne, dont il a été comme représentant de la France au congrès de Vérone et comme ministre des affaires étrangères, le principal promoteur.

« Mais si je me présente à cette tribune, continue-t-il,

« pour soutenir la justice de notre intervention dans les « affaires d'Espagne, comment vais-je me soustraire au « principe que j'ai si nettement énoncé?

« Vous allez le voir, messieurs.

« Lorsque les politiques modernes eurent repoussé le « droit d'intervenir..., ils se trouvèrent très embarrassés. « Des cas survinrent où il était impossible de s'abstenir de « l'intervention sans mettre l'État en danger. Au commen- « cement de la Révolution, on avait dit : « Périssent les co- « lonies plutôt qu'un principe, » et les colonies périrent. « Fallait-il dire aussi : Périsse l'ordre social plutôt qu'un « principe? Pour ne pas se briser contre la règle même « qu'on avait établie, on eut recours à une exception, au « moyen de laquelle on rentrait dans le droit naturel et « l'on dit : Nul gouvernement n'a le droit d'intervenir dans « les affaires intérieures d'une nation, excepté dans le cas « où la sûreté immédiate et les intérêts essentiels de ce « gouvernement sont compromis. Je citerai bientôt l'auto- « rité dont j'emprunte les paroles (1). »

Cet échappatoire est la planche du salut de la diplomatie lorsqu'elle daigne se placer sur le terrain du droit. Personne ne conteste plus de nos jours le principe de la non-intervention, mais lorsque la diplomatie veut intervenir dans les affaires intérieures d'un État, elle tient à peu près le langage suivant : Ne pas intervenir ; oui ! nous sommes

(1) *Moniteur universel*, n° 57, p. 231, col. 1. séance du 25 février 1823. L'autorité à laquelle fait allusion Chateaubriand dans ce passage, c'est lord Castlereagh, qui, dans sa fameuse circulaire du 19 janvier 1821, dit : « Il doit être clairement entendu qu'aucun gou- « vernement ne peut être plus disposé que le gouvernement bri- « tannique à maintenir le droit de tout État ou États à intervenir « *lorsque sa sûreté immédiate ou ses intérêts essentiels* sont « sérieusement compromis par les transactions domestiques d'un « autre État. » Nous dirons plus tard ce que valait cette autorité.

d'accord sur ce principe; mais ce principe comporte des exceptions, et nous sommes dans l'exception, donc nous avons le droit d'intervenir. Assurément cette argumentation n'est pas des plus convaincantes, mais la diplomatie n'aime pas trop à discuter longuement sur les principes, surtout lorsqu'elle a la force de son côté.

Eh bien ! ce biais, je ne puis pas l'admettre, car une fois admis, c'en est fait du principe de non-intervention. Manuel le faisant très bien remarquer, dans la séance du 25 février 1823, en répondant à Chateaubriand :

« Avant de passer plus loin, daignez reconnaître qu'ad-« mettre l'exception qu'a invoquée M. le ministre, c'est « détruire le principe qu'il a également reconnu. Ad-« mettre une hypothèse qui vous autorise à aller tarir « la source du mal chez nos voisins avant que ce mal ne « soit sorti de chez eux, n'admettrez-vous pas en même « temps qu'il vous sera loisible d'entrer quand vous vou-« drez chez vos voisins ? Car qui sera juge des motifs que « vous aurez d'intervenir ? Ce sera vous, sans doute, et « vous vous déterminerez d'après votre propre intérêt, et « non d'après l'intérêt du gouvernement étranger ; conve-« nons donc que si le principe est juste, et il l'est, M. le « ministre lui-même l'a reconnu, il faut le laisser dans son « entier, sous peine de le détruire si vous y portez la « moindre atteinte (1). » Et Haumann, député d'Alsace, disait dans la même séance : « Les partisans de l'inter-« vention s'écrient : Quand la maison de mon voisin « brûle, j'ai bien le droit d'y entrer pour éteindre le « feu chez lui, afin de préserver ma propre demeure. Mais « qui constatera si le feu est réellement au pays voisin, et « quelles mains l'ont d'abord excité, l'attisent et le nour-

(1) *Moniteur universel*, séance du 26 février 1823, n° 58, p. 237, col. 2.

« rissent? L'ambition verra aisément et au besoin, allumera « elle-même des foyers d'incendie partout où il le faudra « pour l'accomplissement de ses projets (1). »

On n'a jamais répondu à cette argumentation, et on aura beau s'évertuer, on ne parviendra jamais à y répondre, parce que les paroles de Manuel et de Haumann sont marquées au coin de la raison et de l'équité. Ces paroles pourraient à la rigueur, se passer de tout commentaire, mais faisons un peu leur analyse.

On a comparé les révolutions intérieures à l'incendie de la maison d'un voisin et de là on a déduit le droit de les combattre, pour éviter la contagion morale (2). Je ne puis pas admettre cette comparaison : en effet si l'on combat l'incendie, c'est qu'il est hors de toute contestation qu'il est un mal, une calamité ; mais en est-il de même des révolutions? Peut-on soutenir que toute révolution soit une calamité qu'il faut combattre par tous les moyens? « Mais, « disait M. le duc de Broglie père — et ce n'est pas un ré- « volutionnaire qui parle — mais tous les gouvernements « ne sont-ils pas nés, à une époque plus ou moins ancienne « d'une révolution, que l'on a reconnue longtemps, mais « qu'un voisin puissant pourrait enfin vouloir déraciner (3)? »

D'ailleurs les mots révolution, révolutionnaire, anarchie, tyrannie, etc., prêtent à l'équivoque et personne ne saurait tracer leurs bornes. Suivant le prince de Metternich, l'Angleterre, après la mort du lord Castlereagh, et la France,

(1) *Ibid.*, séance du 25 février 1823, p. 236, col. 1.

(2) « La *contagion morale* est la plus terrible de toutes, « c'est elle surtout qui compromet nos intérêts essentiels. Qui « ignore que les révolutionnaires d'Espagne, sont en correspon- « dance avec les nôtres. » Chateaubriand, *Ibid.*, p. 232, col. 2.

(3) *Ibid.* Séance de la Chambre des pairs du 14 mars 1823. *Moniteur universel*, n° 80, p. 331.

pendant la monarchie de Juillet étaient en pleine anarchie, et Guizot, le duc de Broglie, Royer-Collard et Casimir Périer étaient des personnes plus dangereuses pour l'ordre social, que les révolutionnaires et les carbonari italiens (1).

Voilà donc le droit d'intervenir poussé bien loin, et alors je me demande : où s'arrêtera-t-on ? quand l'intervention cessera-t-elle d'être légitime ? De nos jours la Russie, par exemple, aurait le droit d'intervenir aussitôt qu'elle le pourra, dans les affaires intérieures de tous les autres États européens (excepté la Turquie), et ceux-ci, à leur tour, pourraient sans aucun scrupule prétendre réduire un peu les droits illimités du czar, sous ce motif que tyranniser n'est pas gouverner.

Telles sont les raisons pratiques qui me font admettre que toute intervention dans les affaires intérieures d'un État, doit être proscrite et considérée comme une violation du droit international. En supposant même que la doctrine et la diplomatie tombent d'accord sur la portée de la règle et sur ses exceptions, je serai néanmoins contre toute intervention, par la raison bien simple qu'on n'aura jamais le courage d'intervenir dans un grand État : les petits États perdraient ainsi leur indépendance et ils seraient placés sous la tutelle des grands États. L'histoire nous prouve que ce sont toujours les petits États qui ont eu à subir l'intervention de l'étranger ; on a essayé, il est vrai, d'appliquer ce principe à un grand pays, à la France, mais l'Europe monarchique a payé bien cher cette imprudence. Ce droit d'intervention, si droit il y a, est, pour me servir

(1) Disons, du reste, avec Kant, que le mauvais exemple qu'un être libre donne aux autres n'étant point une lésion de leurs droits, ces États n'ont pas le droit d'intervenir. Voir Em. Kant, *Princ. métaph. du droit*, traduit par Tissot. Paris, 1853, p. 255 et 256 (Projet de paix perpet.).

d'une vieille comparaison, semblable à la toile d'araignée, les petites mouches y sont prises, quant aux grandes, elles déchirent la toile et passent. L'intervention est possible lorsqu'il s'agit de pays faibles comme la Roumanie, la Serbie, l'Égypte, le Portugal, voir même l'Espagne ou la Turquie, mais qu'on essaye de parler d'intervention à un grand État comme la Russie ou les États-Unis et on verra ce qu'ils vont répondre !

Lorsqu'en 1814 lord Castlereagh, le premier ministre de la Grande-Bretagne, s'adressa personnellement au czar Alexandre Ier pour le prier, en vertu des traités et en qualité d'allié, d'améliorer le système d'administration en Pologne, celui-ci lui répondit avec hauteur : « Quant à ce qui « concerne les soins que je dois à mes propres sujets et à « mes devoirs envers eux, c'est à moi à les connaître, et il n'y « a que la droiture de vos motifs qui ont pu me faire reve- « nir sur les premières impressions qu'a produites en moi « la lecture de ce passage de votre lettre. » Lord Castlereagh voulut insister ; mais le czar interrompit la correspondance avec lui. « J'espère, milord, que cet envoi fera la « clôture de cette correspondance particulière, vous priant « de faire passer vos papiers d'office par la voie habi- « tuelle (1). »

En 1861, le gouvernement français ayant proposé son intervention *pacifique* au gouvernement américain, dans le but de faire cesser la guerre de sécession, M. Seward, ministre des États-Unis, répondit à M. Dayfon, représentant américain à Paris, ces lignes qui certes ne pèchent pas par la douceur :

« Une intervention étrangère nous obligerait à traiter

(1) G. F. de Martens, *Nouveau supplément au recueil de traités* ; t. I, p. 340 et suiv.

« ceux qui l'essayeraient en alliés du parti insurrectionnel « et leur faire la guerre comme à des ennemis. Loin d'être « rendue moins sérieuse, la situation s'aggraverait au con- « traire, si des puissances européennes se mettaient d'ac- « cord pour intervenir. Le président et le peuple des États- « Unis estiment que l'union dont l'existence serait alors « en jeu, vaudrait toutes les dépenses et tous les sacri- « fices d'une lutte armée contre le monde entier, si cette « lutte deviendrait inévitable (1). »

Voilà comment répond un grand État aux propositions d'intervention, lors même qu'elles sont pacifiques et amicales !

Un dernier exemple, et il est décisif.

On sait qu'après la chute de Charles X il y eut en France un désordre qui dura pendant plusieurs mois ; la contagion morale se propagea même à l'étranger. C'était bien là un cas d'intervenir d'après la doctrine et la diplomatie ; néanmoins personne, pas même le prince de Metternich, ne s'avisa de s'immiscer dans les affaires intérieures de la France. Pourquoi ne le fit-on pas ? Pourquoi le czar Nicolas et le prince de Metternich, ces gardiens de l'ordre public européen, n'essayèrent-ils pas de combattre l'*hydre révolutionnaire ?* Pourquoi ceux qui avaient combattu la révolution à Naples, à Turin et à Madrid agissaient-ils autrement lorsqu'il fallait combattre la révolution de Paris, qui était bien plus dangereuse pour eux que les autres ?

(1) Instructions du 22 avril 1861 : W. B. Laurence, *Commentaire sur les éléments du droit international* de Weaton, t. II, p. 475 et *Archives diplomatiques* : 1866, t. III, p. 318 et suiv.

On dit qu'en 1863, lorsque l'empereur Napoléon III intervint personnellement en faveur des Polonais, en faisant appel à la générosité du czar, celui-ci se serait écrié plein d'indignation : « Et on a osé me parler de la Pologne ! »

C'est qu'on craignait de voir le sentiment d'indépendance nationale de la France éclater encore une fois, comme il l'avait fait en 1792, lorsqu'on s'était avisé d'imposer un gouvernement aux Français. L'Europe se tint donc en expectative, préférant mieux être exposée aux étincelles révolutionnaires françaises, que de braver l'indignation d'un grand peuple qui se serait écrié en 1830, comme aux grands jours de la Révolution :

> Quoi! ces cohortes étrangères
> Feraient la loi dans nos foyers ?

En présence de ces faits, on a le droit de se demander quelle est la valeur d'un principe qui consacre la plus monstrueuse des inégalités, et que ses plus ardents défenseurs désertent, lorsque son application leur semble dangereuse pour eux et pour leurs intérêts ?

La justice, *æquitas*, c'est l'égalité de droits et de devoirs ; or, c'est justement ce principe qui est violé lorsqu'on admet même exceptionnellement, le droit de s'immiscer dans les affaires intérieures d'un État. On me dira, peut-être, que c'est là un abus : eh bien non ! je dis que c'est un usage constant, qui ne souffre aucune exception parce qu'il est fatal comme les lois du monde physique. « L'intervention, comme l'a très bien fait remarquer M. Carnazza Amari, a son origine dans la tendance qu'ont « les forts à dominer les faibles et à leur imposer leur « volonté (1). » J'ajoute que les faibles ont probablement des désirs identiques, mais comme ils ne sont jamais en état de les satisfaire, il en résultera fatalement qu'ils subiront toujours l'intervention des forts, sans pouvoir jamais leur rendre la pareille.

(1) *Revue du droit internat.*, 1873, t. V, p. 354.

Toute intervention aboutit donc à établir une inégalité parmi les États indépendants. C'est pourquoi nous n'avons pas pris la peine de discuter la légitimité des différentes exceptions qu'on a proposées à la règle de non-intervention ; même en admettant que leur légitimité soit incontestable et qu'on n'en abusera pas pour détruire la règle, il résulte de ce que nous venons de dire que leur application conduit inévitablement à la violation de l'égalité, qui doit régner parmi les États indépendants.

D'ailleurs, si la non-intervention est légitime au point de vue juridique, toute intervention, quel que soit son motif, est illégitime : le vol peut être parfois excusable, mais quel que soit le motif qui peut le dicter, il n'est jamais légitime. « Au point de vue du droit, dit M. de Holtrendorff, il « est complètement indifférent que l'intervention dans les « affaires intérieures d'une nation étrangère serve la cause « de la tyrannie ou celle de la révolution. Au point de vue « moral, une distinction est admissible : on pourrait, dans « certaines interventions, invoquer des circonstances atté- « nuantes en considération du but louable qu'elles pour- « suivent. Mais le caractère juridique d'une action ne « dépend jamais du motif ou du but de celle-ci (1). »

Je suis pleinement de l'avis du savant professeur de Munich, mais je fais remarquer que son raisonnement est général et qu'il s'applique à toute intervention quels que soient les motifs qui l'ont dictée. Le but de l'intervention n'est pas du domaine du droit international, c'est l'affaire de l'histoire, de la politique, ou de la morale. Toute la question en droit international, doit se réduire aux deux points suivants : 1° L'intervention est-elle légitime ? 2° Quels

(1) *Revue du droit internat.*, 1870, 2e année, p. 103.

faits constituent une intervention, dans le sens du droit international ?

J'ai répondu négativement sur la première de ces deux questions,et j'ai traité d'une manière incidente la seconde ; en cherchant à définir le mot intervention. Avant de revenir surla définition de l'intervention, qui forme l'objet de notre second point, je crois qu'il est bon d'examiner une question qui a beaucoup embarrassé les jurisconsultes italiens : c'est celle de savoir si l'intervention est légitime lorsqu'elle a pour but d'aider un peuple subjugué à recouvrer son indépendance. On comprend aisément l'embarras des jurisconsultes d'au delà des Alpes : d'un côté, ils ont toujours été contre toute intervention, car l'Italie a été la victime de ce principe ; d'autre part les Italiens ont souffert, eux aussi, le joug de l'étranger, et c'est grâce à une intervention que la Lombardie et la Vénétie sont aujourd'hui libres et font partie du royaume italien (1).

Pour échapper à cette difficulté, les jurisconsultes italiens ont fait comme Chateaubriand en 1823 ; ils ont dit : L'intervention est illégitime, voilà la règle ; mais comme *nulla regula sine exceptione*, il y a un cas où l'intervention est légitime, c'est lorsqu'il s'agit [de secourir un peuple pour regagner son indépendance.

(1) Il est vrai que cette réminiscence n'embarrasse pas beaucoup les diplomates italiens : en 1878, au congrès de Berlin, le plus fougueux champion de l'intervention fut Son Excellence le comte de Launay, le représentant de l'Italie, qui fit une proposition d'intervention tellement contraire au droit international et à la souveraineté des peuples, que le Congrès crut bon de ne pas la discuter. M. Carnazza Amari n'avait donc besoin de remonter à Chateaubriand, pour trouver un exemple de *cynisme révoltant* dans les lignes suivantes : « L'intervention ou la non-intervention est une « puérilité absolutiste ou libérale dont ne s'embarrassera aucune « tête qui pense : en politique il n'y a pas de principe exclusif ; l'on « intervient ou l'on n'intervient pas selon que le conseillent les « exigences de son pays. » (Congrès de Vérone.)

Effectivement M. le comte Hon de Castelmola, un des derniers auteurs italiens qui ont traité cette matière, après avoir repoussé toute exception au principe *del non intervento*, finit par admettre la légitimité de l'intervention dans ce cas unique (1). Je crois que les jurisconsultes italiens ont raison au fond, mais qu'ils ont tort de présenter ces cas comme étant une dérogation au principe de non-intervention. En effet de deux choses l'une : ou l'intervention est légime ou elle ne l'est pas ; si elle est légitime, il faut l'admettre dans tous les cas, si elle est illégitime, il faut la rejeter toujours et sans aucune hésitation. On ne peut pas raisonnablement admettre deux jugements contradictoires sur le même fait, considéré sous le même point de vue.

Mais, peut-on demander, comment concilier alors ce cas avec le principe de non-intervention ?

C'est tout simplement en posant la question dans ses véritables termes : L'appui ou l'assistance donnée à une *nation* pour gagner ou défendre son indépendance contre l'étranger, constitue-t-elle une intervention dans le sens du droit international? Si on admet l'affirmative, il faut être logique et reconnaître que cette intervention est tout aussi illégitime que les autres, ce sera devant le tribunal de l'histoire ou de la morale que ses auteurs plaideront des circonstances atténuantes ou des excuses ; si on admet la négative, le principe de non-intervention est absolu et il ne souffre aucune exception.

La réponse à la question ainsi posée me semble ne pas offrir une grande difficulté. En effet tout le monde admet, que lorsqu'une guerre éclate entre deux nations ou entre

(1) *Rivista Europea* : *Principio del non intervento*, 1882, p. 36, 37 et 56 ; M. Carnazza Amari est le seul des jurisconsultes italiens à ma connaissance, qui ait su éviter cette contradiction.

deux États indépendants, tout autre peuple a le droit d'intervenir dans la guerre et prendre le parti de celui des deux belligérants qu'il croit dans son intérêt de secourir; eh bien ! cette prémisse posée, et elle est incontestable, mon raisonnement est tout fait, si je parviens à prouver que nous sommes dans une hypothèse identique. Or, pour peu que nous regardions au fond des choses, il est facile de voir, que lorsqu'une nation se soulève et qu'elle fait la guerre à l'étranger, pour secourir son joug, nous ne sommes plus en présence d'une ingérence dans les affaires intérieures d'un État, mais devant une véritable guerre entre deux nations indépendantes.

Pour démontrer cette affirmation, je crois qu'il est nécessaire de dire en quelques mots comment un État se forme, comment il vit et de quelle manière il prend fin.

Un État ne peut se former que de deux manières: 1° les nationalités qui le composent ont convenu volontairement de se réunir sous un même gouvernement; 2° ou bien, elles ont été unies par la force de l'une d'entre elles. Dans les deux cas les nationalités qui composent l'État ont perdu leur indépendance respective, mais on doit remarquer que dans le second cas, il est possible et même probable que la nation qui a opéré l'union ait conservé son indépendance tout entière.

Telle est la genèse d'un État, voyons maintenant sa vie. Les nationalités qui se sont fusionnées dans un État ont perdu par ce fait leur indépendance respective, mais elles ont gagné en compensation une indépendance collective vis-à-vis des autres États. Quant aux nationalités qui ont été unies par la force sous un gouvernement commun, elles perdent presque toujours leur indépendance au profit de la nation la plus forte et sans aucune compensation.

Il me reste à parler de la mort ou de la dissolution d'un

État. Que les nationalités qui se sont volontairement fusionnées dans un État, recouvrent leur indépendance dès qu'elles veulent se séparer, cela me semble incontestable. Ces nationalités ont toujours été indépendantes et le fait d'avoir fusionné leur indépendance respective n'a pu affecter en rien l'existence de leurs droits vis-à-vis des autres États. Mais je crois qu'il en est ainsi, même dans le cas où les nationalités qui veulent se séparer ont été unies ou soumises par la force, et cela pour la bonne raison que la force, si puissante qu'elle soit, n'est qu'un simple fait, qui ne peut avoir aucune influence sur l'existence d'un droit : elle ne peut ni créer, ni éteindre, ni faire vivre un droit quelconque. Les nationalités qui ont été unies malgré leur volonté dans un État, n'ont nullement perdu leur indépendance, elles ont été seulement privées de l'exercice de leur droit ; or, lorsque l'exercice d'un droit est empêché par la force, le droit n'en subsiste pas moins au profit de la victime de l'oppression. Personne ne pourrait soutenir que celui dont on a volé la bourse, a perdu le droit qu'il avait sur son argent, ou bien que celui qui a été réduit en esclavage n'a plus le droit d'être libre, ou enfin, que la victime d'un brigand n'a plus le droit de vivre. Il en est de même pour les droits des nationalités : au point de vue du droit toute nation est libre quoique en fait certaines nationalités aient perdu l'exercice de leur liberté (l'indépendance).

On pourrait exprimer les idées que je viens d'énoncer d'une autre façon.

Lorsqu'une nationalité se soumet à une autre, elle est censée lui avoir abandonné l'exercice de sa souveraineté ; mais dès qu'elle commence la guerre pour l'indépendance, elle reprend l'exercice de ses droits. Et qu'on ne dise pas qu'il est possible que la nationalité soumise ait renoncé pour toujours à son indépendance ; une pareille renonciation est nulle, parce qu'elle serait contraire aux bonnes mœurs et la plupart du temps forcée ou inconsciente.

Il résulte de ce qui précède, que lorsqu'on aide une nationalité à s'affranchir de la domination étrangère, il n'y a pas une intervention dans le sens du droit international et cela pour deux motifs: 1° parce qu'il s'agit dans ce cas de *deux* nations, et on a toujours admis qu'il n'est pas illégitime d'intervenir entre deux nations belligérantes; 2° parce que dans ce cas on ne s'ingère pas dans les affaires *intétérieures* de la nation qu'on combat: son *indépendance* n'est nullement en jeu, et nous savons que le caractère essentiel de toute intervention est de porter une atteinte à l'*indépendance* de la nation ou de l'État dans lequel on intervient.

De quoi la nation qui se prétend dans ce cas victime d'une intervention pourrait-elle se plaindre ? De ce qu'on ne lui permet de violer l'*indépendance* des autres nations ? Je me demande si c'est là un droit faisant partie intégrante de son indépendance ou de sa souveraineté. Qu'on veuille remarquer d'ailleurs, que le secours donné à une nation pour reconquérir son indépendance et l'intervention dans les affaires intérieures d'une nation n'ont presque rien de commun : l'un protège l'indépendance, l'autre la viole ; l'un s'applique lorsque deux ou plusieurs nationalités sont en lutte, l'autre lorsqu'il s'agit d'une seule nationalité ; le secours est donné à une nation faible contre un État fort, l'intervention est exercée par un ou plusieurs États ou nations fortes contre une nation faible ; l'un a créé les États-Unis, la Grèce, la Belgique, l'autre a puissamment contribué à l'assassinat de la Pologne.

Par conséquent la règle de non-intervention est absolue et l'exception généralement admise par les jurisconsultes italiens n'existe pas en réalité. Il est vraiment curieux que l'école italienne qui depuis plus de trente ans admet le principe des nationalités comme fondement du droit des gens, n'ait pas songé à donner à l'intervention une définition basée sur ce principe, ce qui aurait pu lui éviter la contradiction d'admettre et de combattre la non-intervention. J'ai accepté provisoirement la définition de Casanova, qui concorde au fond avec celle de Piérantoni, de Mamiani et de Carnazza-Amari, et qui peut se résumer ainsi : *Il y a intervention lorsqu'un État s'ingère dans les affaires intérieures d'un autre État.* Je ne veux pas insister sur la première partie de cette définition, qui est manifestement inexacte, par ce qu'elle est trop restrictive : il est certain qu'il y aurait intervention, dans le sens du droit international, lors même que ce seraient *deux* ou *plusieurs* nations ou États qui s'immisceraient dans les affaires intérieures d'un autre État (1). Mais je m'inscris contre la seconde partie de cette définition, et je la déclare absolument inexacte ; à mon avis, et conformément à ce que j'ai dit précédemment, il ne peut pas y avoir d'intervention lorsqu'il s'agit d'un État. De sorte que la définition que je propose est la suivante : *L'intervention est l'immixtion d'une ou plusieurs puissances* (États ou nations), *dans les affaires intérieures d'une* NATION. Conformément à cette définition, le secours donné à une nationalité pour recouvrer son indépendance, ne constitue pas une intervention dans le sens du droit international ; c'est pourquoi tout en admettant la légitimité de ce secours, je soutiens que le principe de non-intervention est seul légitime et qu'il ne comporte aucune exception.

Cette solution est-elle acceptable dans le droit international ? Je le crois, car quelles sont, en définitive, les objections qu'on peut lui faire ? Personne ne peut soutenir

(1) Voir la dépêche adressée par M. Seward, le 22 avril 1861 à M. Dayton. Lawrence, *op. cit.*, t. II, p. 475.

qu'elle n'est pas conforme à l'équité, car enfin les nations ont-elles aussi le droit d'être libres, dans notre siècle de liberté. La civilisation moderne a mis depuis longtemps au ban l'esclavage de l'individu, il est grandement temps de reconnaître que celui des nations n'est pas moins injuste: nous avons dit que le critérium de la justice est l'égalité (*æquitas*) des droits, il suffit de le rappeler, pour voir que la domination d'une nation sur une autre est absolument injuste. Notre solution est-elle au moins contraire à une loi, à un texte écrit ? Je n'en connais aucun.

Que peut-on nous opposer encore? C'est l'usage, la pratique de la diplomatie, que le droit des gens doit constater et dont il doit tenir grandement compte. Ah ! voilà la belle objection : elle a une saveur de force et de poudre de canon des plus prononcées ! Mais est-ce là le *droit* qu'on constate? Et la doctrine doit-elle s'incliner servilement devant une pratique condamnée par la science et contre laquelle toute conscience humaine proteste énergiquement? Est-ce là la mission de la doctrine surtout dans le droit international ? Quant à moi, je crois que tout auteur de droit international, qui se contente de constater avec placidité ce qui existe, sans chercher à recommander une pratique meilleure, si sa science ou son génie lui en indiquent une, n'est pas un véritable homme de science. J'ajoute que son livre est nuisible pour l'humanité, car la diplomatie, qui la plupart du temps oublie que sa mission est la fraternisation des peuples, s'emparera de ce livre détestable, de ce *recueil d'abus* et elle ne manquera pas de le citer comme étant l'expression de *la doctrine désintéressée !* Lors donc qu'un auteur s'avise d'écrire le droit international de cette façon-là, il ne fait plus du droit, il exerce un commerce ; et plus son autorité sera grande dans la diplomatie, plus sa responsabilité sera grande devant les hommes.

Un pareil droit international, je ne puis pas le comprendre ; il est nul à mes yeux, car il oublie sa mission sacrée !

Que reste-t-il encore contre la solution que j'ai admise ? On me dira, peut-être, qu'elle est dangereuse, parce qu'elle conduit à des véritables croisades contre les États, ce qui peut troubler profondément la paix de l'Europe.

Avant de répondre à cette objection, je crois qu'il est bon de dire ce que j'entends par le mot État.

La diplomatie et les auteurs entendent par ce mot deux choses distinctes : dans un premier sens, l'expression *État* comprend toute agrégation politique indépendante ; dans une acception plus étroite, cette expression signifie l'union sous un même gouvernement de deux ou de plusieurs nationalités, qui ne veulent pas vivre ensemble. Je crois que cette distinction, quelle que soit son importance au point de vue ethnographique et juridique, n'a aucune espèce de valeur au point de vue du droit international. A mon avis, tout État constitue une nation, parce que, jusqu'à la preuve contraire, les nations qui la composent doivent être censées comme ayant la volonté de vivre ensemble. Pour prouver ces affirmations, je ferai appel au droit civil positif, qui doit être toujours le guide du droit international.

Une nation qui se soumet à une autre nation, même involontairement, peut être considérée comme ayant fait un contrat (*solo consensu*), par lequel elle lui abandonne l'*exercice* (non pas le droit, qui est inaliénable), de sa souveraineté.

Ce contrat, bien qu'il soit annulable comme entaché de violence, n'en existe pas moins au point de vue du droit, car *coacta voluntas tamen voluntas* (1).

(1) *Qui mavult, oult.*

Par conséquent, tant que la paix règne dans un État, il faut le considérer comme une nation, parce que la volonté de dissociation, qui caractérise un État et le fait distinguer d'une nation, ne s'est pas encore *juridiquement* manifestée. Mais, dès que la nationalité soumise se révolte et veut se séparer, c'est-à-dire dès qu'elle veut reprendre l'exercice de sa souveraineté, nous sommes en présence d'un État, d'un monstre juridique, qui ne veut se soutenir que par la force brutale et qu'on a le droit de combattre par les mêmes armes.

Pour résumer mes idées sur cette importante question, je dirai que toute guerre faite par une nationalité *dans un but séparatiste*, rend *ipso facto* indépendante la nationalité qui l'entreprend, et donne en conséquence à toute puissance le droit de s'immiscer dans cette guerre, sans commettre, en agissant ainsi, une intervention au point de vue du droit international.

Ces explications complètent et font comprendre la portée de la définition que j'ai donnée précédemment, elles serviront, en outre, à tranquilliser ceux qui verraient dans cette définition un principe subversif et attentatoire à la paix européenne. Si, malgré ces explications, on persiste à voir dans ma définition une véritable croisade contre les États, je dirai franchement que cette idée ne m'émeut pas beaucoup, et qu'elle est loin, en la supposant fondée, de me faire reculer devant le principe que j'ai admis. En effet, le Code pénal n'a-t-il pas organisé, lui aussi, une croisade contre les criminels; or, quel pourrait être le plus grand des crimes internationaux, si ce n'était celui de réduire ou de tenir une nation en esclavage? A mes yeux la question est bien simple : on tue les criminels, ou, ce qui vaut mieux, on les met dans l'impossibilité de faire du mal à leurs semblables, eh bien! la solution ne saurait être différents pour ces grands criminels, qui s'appellent États, et qui veulent se maintenir par la force.

Du reste, l'humanité sera condamnée forcément à la guerre, tant qu'il y aura des nations en esclavage. « L
« paix universelle, dit Casanova, doit être basée sur la fra-
« ternité universelle ; or cette fraternité ne peut non seule-
« ment exister, mais même être espérée, tant que les na-
« tions ne seront pas traitées autrement qu'elles l'ont été
« jusqu'à présent : tant qu'il y aura parmi les peuples les
« uns foulés aux pieds et opprimés (1). »

Si maintenant nous envisageons la question au point de vue pratique, je dirai que les quatre grandes puissances européennes (2) qu'on peut considérer comme États, n'ont nullement le droit de se plaindre de ce qu'on aiderait les nationalités qu'elles oppriment à s'affranchir de leur domination.

En effet, la Russie et la Grande-Bretagne n'ont-elles pas secouru les Grecs contre les Turcs? La Prusse n'a-t-elle pas aidé le czar en 1863 à soumettre les Polonais révoltés ? Enfin l'Autriche serait mal venue de se plaindre de l'application d'un principe dont elle a si largement usé contre les Italiens, et auquel elle doit peut-être son existence.

D'ailleurs, les puissances dont je parle, ont pris toutes les quatre part aux arrangements de l'empire ottoman en 1856 et en 1878 : elles ne peuvent donc se plaindre de ce qu'un jour, si jamais ce jour arrive, on vienne leur appliquer un principe qu'elles ont admis par rapport à la Turquie.

(1) Casanova, *op. cit.*, p. 214.

(2) La Grande-Bretagne, la Russie, l'Autriche et la Prusse ; je ne compte pas la Turquie dans cette énumération, parce que l'État turc est devenu un simple nom.

Je finis ici la partie juridique de mon sujet. Dans cette partie, je me suis attaché à prouver que le principe de non-intervention est un devoir international qui ne saurait comporter aucune exception. J'ai cru inutile, pour les motifs déjà donnés, d'examiner et de combattre chacune des exceptions qu'on a proposées au principe de non-intervention ; mais j'ai cru devoir insister un peu plus longuement sur des exceptions proposées, parce qu'elles présentent une grande importance, ayant une application pratique très fréquente, on peut dire même *exclusive*. J'ai repoussé celle de ces deux exceptions qui se fonde sur un motif d'humanité, et j'ai refusé de reconnaître à la seconde le caractère d'exception.

CHAPITRE II

DE L'INTERVENTION AU POINT DE VUE UTILITAIRE

Je crois qu'il faut, pour plus de clarté, étudier la question de l'utilité à un double point de vue : 1° par rapport au pays intervenant ; 2° par rapport au pays qui subit l'intervention.

1° *L'intervention est-elle utile à la puissance intervenante ?*

Peut être ferai-je mieux en laissant parler l'histoire ; mais je pense, qu'il est bon d'examiner à priori et d'une façon générale les conséquences d'une intervention au point de vue des intérêts du pays intervenant.

Au premier abord, il semble que toute intervention doive profiter au moins à la puissance qui intervient, car ceux qui s'ingèrent dans les affaires intérieures d'une nation cherchent avant tout leur intérêt, et nul ne connaît mieux son intérêt que soi-même. A cela deux réponses à faire. 1° La plupart des interventions connues dans l'histoire n'ont eu d'autre mobile que l'intérêt plus ou moins sagement entendu des souverains qui les ont faites ; or l'intérêt des souverains, lors même qu'il est sagement entendu, n'est pas toujours identique avec celui des peuples qu'ils gouvernent. 2° En supposant même qu'on veuille intervenir dans l'intérêt du pays, ce qui arrive la plupart du temps, dans un pays constitutionnel, on peut néanmoins se tromper *sur les moyens* qu'il faut employer pour arriver à la réalisation de son but. Je crois donc que si on regardait les choses de plus près, on verrait aisément que presque toutes les interventions sont loin de profiter même à leurs auteurs. Je ne puis pas examiner ici toutes les causes d'intervention qu'on peut invoquer et les résultats auxquels elles conduisent la plupart du temps, je me contente d'examiner seulement quelques-unes d'entre elles.

Nous laissons de côté ces interventions pharisaïques qu'on décore du nom pompeux d'intervention pour la violation d'un grand principe ; on ne peut pas prétendre qu'elles aient une utilité pour le pays intervenant, étant donné que leurs auteurs eux-mêmes reconnaissent qu'elles ne sont faites que pour l'*amour des principes !* Peut-être, en allant au fond des choses, on pourrait trouver le véritable mobile de l'intervention, et ce devrait être par rapport à lui qu'il faudrait juger de l'utilité de cet acte. C'est pourquoi je ne m'arrêterai pas longtemps sur ce motif mensonger, qui en réalité n'est qu'un prétexte pour couvrir les véritables motifs d'une intervention. Mais je ne puis pas m'empêcher de dire combien un pareil motif, en le supposant même sincère, me semble injuste et peu logique, lorsqu'il conduit le gouvernement d'un pays à faire la guerre à l'étranger. Quoi ! on trouve que telle chose qui se pratique à l'étranger est injuste et immorale, et l'on croit qu'il est juste et moral d'envoyer les soldats se faire tuer pour un principe dont ils n'ont peut-être aucune connaissance et pour une affaire qui ne regarde ni leurs intérêts, ni ceux de leur patrie !

J'entends dire que c'est l'égoïsme que je prêche ; cela est faux, d'abord parce que, à mon avis, les interventions ne profitent à personne, pas même à ceux en faveur desquels on intervient (1), et ensuite parce que ce n'est pas un égoïsme de dire qu'un gouvernement doit veiller d'abord aux intérêts du peuple qu'il gouverne et puis à ceux des autres peuples. Sans doute, je ne suis pas de ceux qui di-

(1) On sait combien fut désastreuse l'intervention de l'empereur d'Allemagne, en faveur de Louis XVI et de sa noblesse, pour ceux mêmes que l'empereur voulait aider et protéger.

sent que le sang d'une nation n'appartient qu'à elle seule, dans ce sens qu'elle ne doit jamais le verser pour une autre nation ; mais je crois que ceux qui conduisent les affaires d'un pays n'ont pas le droit de verser ce sang à la légère. Qu'on fasse des sacrifices, rien de mieux, c'est noble, c'est sublime, mais qu'on ne vienne pas *les imposer* aux autres, car ce n'est ni juste ni utile. Que ceux qui croient à la justice d'une cause aillent la défendre et qu'ils fassent des sacrifices tant qu'ils voudront, leur conscience et l'estime publique sauront les récompenser ; mais qu'ils ne viennent pas faire les généreux aux dépens des intérêts du pays et au prix de la vie de milliers de ceux dont ils doivent protéger la vie et les intérêts. Ces seigneurs féodaux tant décriés, et qui certes ne l'ont que trop mérité, ont quitté leurs femmes et leurs enfants, et ils sont allés verser leur sang et mourir loin de leur patrie en combattant pour un principe ou plutôt pour une croyance ; que nos champions modernes qui se piquent de générosité et de libéralisme, aient au moins autant de noblesse que les seigneurs de ce barbare moyen âge !

Et si cet exemple leur semble un peu trop archaïque, qu'ils imitent au moins celui donné par lord Byron, par Santa-Rosa et par le colonel Fabvier, faisant *dans notre siècle* le sacrifice de leur vie, pour le triomphe d'un grand principe.

On a vu du reste comment la diplomatie entend l'*intervention pour les grands principes :* c'est en laissant les Turcs égorger les Grecs qui luttaient pour la liberté, c'est en donnant appui à la Russie pour écraser les Polonais révoltés, c'est en assistant tranquillement et les bras croisés devant les Russes qui massacraient les Juifs faibles et sans défense en plein XIXe siècle !

Qu'on cesse donc de nous assourdir les oreilles avec ces mots sonores de grands principes ! Ce n'est pas pour cela que la diplomatie a été inventée, au moins ce n'est pas ainsi qu'elle entend sa mission. Des grands principes ! mais qu'on lise les mémoires de Kossuth, qui ne veut nullement ternir la diplomatie, et l'on verra comment Cavour, l'une des plus grandes figures de la diplomatie de tous les temps et de tous les pays, entendait l'application des grands principes ! (1).

Venons donc à de véritables motifs d'intervention, et voyons si dans ce cas l'ingérence dans les affaires intérieures d'une nation est utile au pays intervenant. — Disons d'abord qu'il y a des cas, et ce sont les plus nombreux, dans lesquels l'intérêt du pays n'est qu'un prétexte : on peut citer comme exemple l'intervention française en Espagne et au Mexique et les interventions autrichiennes en Italie. Il ne s'agissait pas dans ces cas des intérêts français ou autrichiens, mais bien des intérêts des monarques de ces pays, ce qui n'est pas la même chose. Qu'est-ce que la France a gagné de l'intervention en Espagne ? Ce qu'elle a perdu, tout le monde le sait : ce sont des milliers de soldats tués et plus de cent millions dépensés ; quant à ce qu'elle a gagné, il n'est pas bien facile de le dire, car je ne crois pas qu'une guerre soit propre à favoriser les relations commerciales, et à établir la sympathie entre deux pays.

(1) Kossuth, *Souvenirs et écrits de mon exil.*, Paris, 1880, p. 249. « Le comte Cavour déclara hier ouvertement à M. Br... no « (J. Bratiano), que si lui et son parti disent encore un seul mot de « la question transylvanienne, il (le ministre président) ne voudra « plus entendre parler des affaires valaques. » (Lettre du 2 juillet 1859, du général Cretz à Kossuth). Le comte Cavour, qui luttait à cette époque pour délivrer la Lombardo-Vénétie du joug autrichien, ne voulait donc pas entendre les Roumains parler de l'affranchissement de leurs frères de Transylvanie de la domination hongroise ! Si le fait relaté par le grand patriote hongrois est vrai, on n'a plus à s'étonner de la conduite étrange du comte de Launay, disciple de Cavour, par rapport à la Roumanie dans le congrès de Berlin.

Quant à la guerre de Mexique, qui coûta à la France des dizaines de milliers de soldats et plusieurs centaines de millions, je n'en connais d'autre résultat que la fusillade du malheureux Maximilien et l'humiliation de la France vis-à-vis des États-Unis ; jamais homme, si ingénieux qu'il soit, ne pourra trouver un profit sérieux, pour le pays qui fut entraîné dans cette détestable guerre et qui lui coûta tant de sacrifices.

Ce n'était pas non plus l'intérêt de l'Autriche que Metternich servait, lorsqu'il faisait de ce pays le bourreau de l'Italie, en intervenant continuellement pour combattre les aspirations libérales des Italiens ; au contraire, il n'a rendu que plus haïssable l'Autriche, qui était maîtresse tyrannique en Lombardo-Vénétie et suppôt de la tyrannie dans toute la péninsule italienne. On ne connaîtra jamais les dépenses énormes en hommes et en argent que fit l'Autriche dans cette longue campagne pour l'absolutisme monarchique, mais quant au résultat, tout le monde le connaît : c'est la révolution de 1848 et les campagnes de 1859 et 1866, dans lesquelles l'Autriche a chèrement payé les vexations continuelles que la politique de Metternich avait fait subir aux Italiens.

En résumé toutes ces interventions, pour lesquelles on a versé des flots de sang et dépensé des centaines de millions, n'ont eu d'autre résultat que de susciter des haines nationales profondes, qui, à coup sûr, ne peuvent être favorables, ni au commerce, ni aux autres intérêts du pays.

Passons à une autre catégorie d'interventions, celles qui sont faites en vue des intérêts du pays intervenant.

Comme exemple de pareilles interventions, on peut citer la guerre de l'opium, l'intervention anglaise (de 1882) en Égypte, et ce qu'on a appelé la politique coloniale de la France.

Il n'y a pas de doute qu'au point de vue du droit, ces interventions sont tout aussi blâmables que les autres ; les intérêts d'un peuple, si respectables qu'ils soient, ne lui donnent pas le droit de violer ceux des autres peuples, en s'ingérant dans le règlement de leurs affaires intérieures. Quant aux motifs donnés pour justifier ces interventions, il faut reconnaître que ce ne sont que des prétextes, pour couvrir la brutalité de l'aggression, devant l'opinion publique. Dans ses *Recherches sur les guerres contemporaines*, M. P. Leroy-Beaulieu ne peut pas s'empêcher de reconnaître que « dans les différends entre la Chine et les « puissances d'Europe, la justice, la modération et la bonne « foi ont été du côté de la Chine (1) », et ce que le savant économiste dit de la Chine est malheureusement vrai de toutes les autres guerres, ayant pour but d'ouvrir un nouveau débouché au commerce d'un pays. Je me rappelle d'avoir entendu dire un économiste distingué : « Mais on « peut trouver des Kroumirs partout ; là où il n'y en a pas, « on les invente », et il faut reconnaître que cette phrase spirituelle contient une idée très exacte.

Mais examinons la question au point de vue de l'utilité, en commençant par la guerre de l'opium.

Je ne crois pas que l'Angleterre ait tiré un grand profit de cette guerre et des conditions de la paix de Nankin (1842) ; sans doute les commerçants d'opium y ont gagné, mais je me demande si par contre les autres commerçants n'ont pas eu à souffrir dans leurs relations commerciales avec la Chine, de la juste haine que cette expédition a dû causer aux Chinois. Je sais bien que le commerce ne fait pas du sentimentalisme ; mais il ne faut pas oublier qu'il s'agissait

(1) P. Leroy-Beaulieu, *Recherches sur les guerres contemporaines*, Paris, 1869, p. 35.

d'un peuple arriéré et fanatique, qui met souvent sa haine avant son intérêt. Quoi qu'il en soit, personne ne pourrait nier, que c'est une injustice révoltante que de violer l'indépendance d'une nation paisible etpour l'intérêt de quelques inoffensive, et de verser le sang humain marchands d'opium, empoisonneurs et contrebandiers en même temps!

Quant à l'intervention anglaise en Égypte, je doute que ses auteurs aient eu à s'en féliciter, tout ce que je sais, c'est que la question égyptie nne cause un assez grand ennui au gouvernement britannique, et que cet ennui ne paraît pas être à sa fin. Cette intervention, que rien ne justifiait, puis que Arabi lui-même ne refusait pas de reconnaître les dettes du pays et les droits des Anglais, cette intervention, dis-je, sera un nouvel exemple des suites fâcheuses qu'entraîne une politique tout aussi imprudente que peu scrupuleuse. L'intervention anglaise en Égypte est à mon avis pour l'Angleterre ce qu'a été pour la France l'intervention au Mexique, sauf qu'il n'y a pas des États-Unis en Afrique. Ce n'est pas la faute de M. Gladstone si le cabinet qu'il préside n'a pas encore payé les frais de cette imprudence; la nation anglaise voit bien qu'elle s'est engagée dans une mauvaise voie, si elle s'obstine néanmoins à soutenir son gouvernement, c'est pour lui laisser le temps de mener l'affaire à bonne fin. En tout cas il est certain que l'intervention en Égypte a fortement ébranlé la situation du parti whig et la popularité de son chef.

En ce qui concerne la politique coloniale de la France, il serait téméraire pour moi de me prononcer sur l'utilité de ces expéditions avant que le temps ait dit son mot. Mais au point de vue juridique, la question ne saurait être douteuse à mes yeux : ce sont là des faits d'interventions et comme tels, contraires au principe de non-intervention que j'ai précédemment posé. Il dépend néanmoins de la

France et de ses gouvernants, que cette politique n'ait pas de conséquences fâcheuses pour le pays. Si la France parvient à concilier ses intérêts avec les intérêts de ses colonies, ce sera là une œuvre civilisatrice et morale dont l'histoire lui saura gré et qui fera oublier le moyen par lequel elle est arrivée à ce résultat. Peut-être pourrait-on aller plus loin et soutenir avec Strauch et Bluntschli que ces immixtions ne constituent pas des interventions, vu que les peuplades dont il s'agit forment plutôt des sociétés plus ou moins régulières que des véritables nations (1); je préfère néanmoins maintenir intact le principe de non-intervention, déclarant ces immixtions tout aussi illégitimes que les autres au point de vue du droit international, et évitant ainsi tous les abus et les subtilités qui pourraieut en résulter.

Quels cas d'intervention me reste-t-il encore à examiner ? J'ai dit qu'on ne peut pas considérer comme intervention le secours donné à une nation pour défendre ou pour recouvrer son indépendance ; par conséquent ce cas ne saurait trouver sa place ici. Disons seulement en passant que, ce secours étant un sacrifice national, les gouvernements n'ont pas le droits de l'*imposer* à un peuple, s'ils n'y voient pas l'intérêt du pays, de même qu'un tuteur n'a pas le droit de faire des libéralités avec l'argent de son pupille. Ceci peut paraître dur et peu favorable pour les nations en esclavage, mais nous ne considérons ici que le côté juridique de la question, et à ce point de vue personne ne

(1) H. Strauch. *Zur Interventions-Lehre*, Heidelberg, 1879, p. 6. « Le cas normal d'intervention suppose une guerre entre « deux personnalités de droit international. On doit considérer « comme elle seulement un État souverain *faisant partie de la « société internationale*. Une société de barbares, comme les « Zoulou-Kaffres, ne constitue pas une personnalité internationale. » (*du droit international.*)

contestera, je crois, l'exactitude rigoureuse de notre solution.

2° *L'intervention est-elle utile au pays dans lequel on intervient ?*

S'il y a un point, dans cette matière, sur lequel presque tout le monde est d'accord, c'est que l'intervention est un mal, une véritable calamité pour le pays qui en est la victime. On a dit, il est vrai, que l'immixtion étrangère a parfois pour résultat de mettre fin à la guerre civile qui déchire une nation, et on a comparé, en se plaçant à ce point de vue, l'État intervenant à la personne charitable qui vient éteindre le feu qui consume une maison incendiée ; mais peu de personnes ont été dupes de cette comparaison sophistique et presque tout le monde admet que c'est un grand malheur pour une nation que de subir une intervention. En effet si l'étranger a été appelé par un parti politique, ce parti manque de patriotisme et c'est là un triste signe de décadence nationale. Et il est à remarquer que le parti qui a fait appel à l'étranger, étant presque toujours le plus faible, il faudra, pour qu'il se maintienne au pouvoir, que l'intervention se transforme en occupation (1) ; ou bien que ce parti use d'une rigueur excessive pour intimider ses adversaires (2). D'autre part comme *nihil violentum durabile*, la pacification ne sera que provisoire, et la lutte recommencera tôt ou tard au grand détriment du pays. Ajoutons enfin que cette pente est trop dangereuse pour une nation, car il est possible que le parti vaincu par l'appui de l'étranger, fasse, lui aussi, appel à

(1) Exemples : l'occupation de Naples et du Piémont par les Autrichiens, et celle du Mexique par les Français.

(2) Exemple : la tyrannie de Ferdinand VII après l'intervention française en Espagne en 1823.

une autre puissance étrangère, et alors on peut dire que cette nation est condamnée à périr. Si l'étranger intervient sans être appelé, il est hors de doute que l'intervention est nuisible au pays ; et ce qui le prouve, c'est que les partis politiques en lutte, malgré leur animosité, ont trouvé qu'il était de l'intérêt du pays de ne pas mêler l'étranger dans leurs affaires. Cette seconde hypothèse qui autrefois, et même dans la première moitié de notre siècle, était très rare est devenue aujourd'hui le cas habituel lorsqu'il s'agit de nations civilisées. Les monarques en commençant avec Louis XVI, pour ne pas remonter plus haut, et en finissant avec l'empereur François-Joseph, ont fait souvent appel à l'étranger, pour maintenir les droits qu'ils prétendaient avoir (1). Tout le monde reconnaît aujourd'hui que c'est manquer à sa patrie et à son honneur que de faire appel à l'intervention de l'étranger.

Si l'on regarde de plus près ces interventions, on voit qu'elles sont loin de profiter même au parti en faveur duquel on les entreprend. En effet le parti qui a été soutenu par l'étranger perd toute sa popularité, et les indifférents, qui sont assez nombreux dans tous les pays, se rangent du côté du parti combattu par l'étranger, qui devient forcément le parti national ; de sorte que toute intervention rend le parti en faveur duquel on intervient plus faible, et le parti qu'elle combat plus fort qu'il ne l'était auparavant.

Je crois qu'il serait oiseux d'insister plus longuement sur cette partie de mon sujet, je me contente donc de citer quelques exemples, qui suffiront pour nous confirmer dans

(1) Manuel faisait remarquer avec raison que cela a été une des causes qui ont conduit à l'échafaud Charles Ier et Louis XVI lorsqu'il fut interrompu avec violence par les députés de la droite et expulsé de la Chambre sous motif qu'il faisait l'apologie du régicide.

une idée qui est du reste assez évidente par elle-même. L'intervention française en Espagne a eu pour résultat de provoquer des répressions tellement sanglantes, que le duc d'Angoulême lui-même, fut forcé, pour mettre un terme à ces atrocités, de rendre la célèbre ordonnance d'Andujar (8 août 1823), que le gouvernement français révoqua à la suite des protestations du parti royaliste. Ces messieurs invoquaient l'indépendance de l'Espagne, eux qui l'avaient si misérablement trahie, en faisant appel à l'intervention française. Assurément ce parti estimait, comme Louis XIV, que l'Espagne c'était leur roi, et que l'indépendance de leur pays, consistait dans le droit de Ferdinand VII de faire ce que bon lui semblait !

Quant à l'intervention française au Mexique qui avait pour but, comme prétend M. Hautefeuille, de « relever ce « pays de l'état d'anarchie, de misère et d'impuissance « dans lequel il était tombé (1) », elle n'a eu d'autre résultat, au point de vue mexicain, que de porter le trouble dans ce pays pendant plusieurs années et d'aboutir à la présidence de Juarez, d'où l'on était parti. En définitive, l'intervention au Mexique a été funeste à la France, au Mexique, à l'empereur Maximilien et au parti monarchique de ce dernier pays ; si quelqu'un en a profité, c'est peut-être Juarez qu'on a voulu combattre.

Voilà les conséquences communes de toutes les interventions, elles arrivent presque toujours à un résultat diamétralement opposé à celui que se proposent leurs auteurs. C'est là une heureuse constatation qui a dû avoir et qui aura, j'en suis convaincu, plus d'influence sur la diplomatie que tous les arguments juridiques qu'on a invoqués et qu'on

(1) Hautefeuille, *le Principe de non-intervention. Revue contempor.* du 31 juillet 1863, p. 201.

invoquera contre les ingérences dans les affaires intérieures d'une nation.

L'intervention anglaise en Égypte a plongé ce pays dans une situation tellement déplorable, que la dictature d'Arabi eût été mille fois préférable. Les Anglais, qui sont entrés en Égypte sous prétexte d'aider Tewfik-pacha à ressaisir son autorité, ont transformé leur intervention en une occupation indéfinie. Je ne sais pas ce que les Égyptiens pensent de l'occupation anglaise ; mais en tout cas il semble que même l'entourage du khédive n'en est pas trop content. Ceci est assez naturel, car en définitive l'autorité du faible descendant de Méhémet-Ali n'est aujourd'hui que nominale : c'est un simple fonctionnaire anglais, qui serait déposé aussitôt qu'il cesserait d'être un instrument docile entre les mains du gouvernement britannique.

Il nous reste à examiner un dernier cas, qui soulève une question de doctrine : je veux parler du fameux article 44 du de Berlin. Par cet article les puissances signataires du traité traité de Berlin subordonnaient la reconnaissance de l'indépendance de la Roumanie à l'admission des Juifs aux droits politiques. Dans une étude publiée il y a deux ans, j'ai vivement critiqué l'article 44 au point de vue du droit international, comme l'avaient déjà fait avant moi mon savant maître M. Louis Renault(1) et M. le comte Hon. de Castelmola(2). Examinant ensuite la question au point de vue des intérêts de la Roumanie, j'ai montré que l'article 7 de la constitution roumaine du 30 juin 1866, résultat d'un fâcheux emportement, devait être aboli, dans l'intérêt même du pays. Mais l'article 44 du traité de Berlin était trop absolu parce que son auteur ignorant la situation difficile de la

(1) L. Renault, *Introduction à l'étude du droit international*, Paris 1879, p. 24 et suiv.

(2) *Rivista Europea*, 16 mars 1882, p. 1003. (Comte Castelmola).

Roumanie en présence de l'invasion des Juifs, poussés par la cruauté moscovite dans ce pays, imposait aux Roumains plus qu'ils ne pouvaient accorder (la naturalisation en bloc de tous les Juifs). Le cabinet libéral de M. J. Bratiano, malgré sa popularité et malgré le tact et la loyauté parfaite dont l'opposition fit preuve dans cette circonstance, ne parvint pas à faire passer devant les Chambres une réforme brusque, qui aurait pu être dangereuse pour le pays et pour ceux-là mêmes en faveur desquels elle était introduite. On admit donc une réforme modérée (naturalisation individuelle), et les cabinets européens, après quelques difficultés reconnurent l'indépendance de la Roumanie (1).

Voilà un cas où l'immixtion dans les affaires intérieures d'une nation a produit un bon résultat: comment expliquer ce fait qui, au premier abord, semble contredire ce que nous avons dit jusqu'ici? La réponse est bien simple, c'est que l'immixtion s'est exercée par voie *pacifique*, et si toutes les interventions sont illégitimes au point de vue du droit international, ce ne sont que les interventions *armées*, qui aboutissent à des résultats extrêmement fâcheux. Cela se comprend du reste assez aisément : lorsqu'une nation résiste à l'immixtion étrangère avec tant d'opiniâtreté, qu'il faut employer des armes pour venir à bout de sa résistance, c'est qu'elle considère cette immixtion comme tellement grave, qu'elle préfère courir les dangers et les risques d'une guerre, plutôt que de subir la mesure qu'on veut lui imposer, or une telle mesure, introduite par la violence, a une base bien fragile et ceux qui la subissent chercheront à s'en débarrasser aussitôt qu'il leur sera possible. Une telle éventualité n'est pas à craindre lorsqu'un pays admet lui-même

(1) Notre *Question juive en Roumanie*, Paris, 1882.

l'utilité ou la justice d'une mesure que l'étranger lui a recommandée.

On comprend maintenant pourquoi l'intervention en Roumanie n'a pas eu un mauvais résultat; ajoutons que la diplomatie a été poussée cette fois par un sentiment digne d'éloge (1), (ce qui ne lui arrive pas trop souvent), et que la partie éclairée de la nation roumaine, sans distinction de parti, admettait que l'article 7 devait disparaître de la constitution de 1866, dont il était l'unique et indigne tache.

Mais supposons pour un moment que les puissances européennes, mécontentes de la solution que le parlement roumain avait donné à la question juive, eussent voulu imposer à la Roumani *manu militari*, l'application intégrale de l'article 44 du traité de Berlin, quelles sont les conséquences qu'aurait pu avoir une pareille mesure? A coup sûr la Roumanie aurait dû céder à la force, et la volonté de l'Europe, ou plutôt de la diplomatie des sept grandes puissances eût triomphé de la résistance du pays. Mais il n'est pas bien difficile de comprendre les suites fâcheuses que cette intervention aurait pu avoir pour la Roumanie et pour les Juifs eux-mêmes. D'abord la question juive en Roumanie étant, comme l'a très bien dit le marquis de Pepoli dans le parlement italien, une question *sociale* (2) leur naturalisation en bloc aurait été un véritable danger pour les Roumains, surtout pour les Roumains de la Moldavie, à cause du chiffre colossal (400,000) des Juifs venus de la Pologne russe. D'autre part, et justement à cause de ce

(1) Je ne dis pas *de justice*, car il n'y a pas de justiee en dehors de l'égalité, et le congrès de Berlin aurait dû, pour être juste, faire la même recommandation à la sainte Russie, par rapport aux Juifs et aux Polonais.

(2) « *In Rumenia la questione degli Ebrei e una questione sociale.* » *Gazetta ufficiale del Regno d'Italia. Atti parlementarii.* Séance du Sénat du 17 février 1879, p. 1422, col. 2.

danger, il y en aurait un autre pour les Juifs : c'est que le peuple exaspéré ne vienne aux voies de fait, ce qui serait fâcheux non seulement pour les Juifs, mais en même temps pour la morale, pour l'humanité, et même pour les Roumains auxquels ce fait aurait créé mille difficultés internationales.

Voilà où aboutirait en définitive toute intervention armée dans les affaires intérieures d'une nation ; jamais elle ne profitera à personne. Heffter, qui n'est pas un partisan trop ardent du principe de non-intervention, puisqu'il admet des exceptions qui rendent la règle illusoire, reconnaît néanmoins que dans la pratique des nations, les interventions n'ont eu d'autre but que des intérêts égoïstes (1), et M. Fiore avoue que, « si on consulte l'histoire politique de l'Europe, « on a raison de dire que l'humanité n'a pas tiré des avan- « tages des interventions armées (2). » En se plaçant justement au point de vue de l'intérêt des peuples, M. J. Tissot se demande si l'on doit intervenir lorsque les lois de la justice, de la morale et de l'humanité sont complètement méconnues, et il répond, « qu'il est plus avantageux pour les « peuples de proclamer d'une manière absolue le principe « de non-intervention, le respect scrupuleux de l'autonomie « des nations, que d'y apporter des exceptions d'une inter- « prétation si douteuse, d'un abus si facile et dont l'huma- « nité a plus souffert assurément qu'elle n'a retiré d'avan- « tages (3). »

En résumé je dis que toute intervention armée est blâmable, tant au point de vue du droit, qu'au point de vue de

(1) Heffter, *Droit internat. de l'Europe*, 3e édit., 1873, p. 94, § 44.

(2) Fiore, *Trat. di dir. internat. publico*, 2e éd., Torino, 1880, vol. 1, p. 425, no 552.

(3) Jos. Tissot, *Principes du droit public*, IIe partie ; *Droit international*, Paris 1872, p. 14.

l'utilité. Si parfois il semble qu'une pareille intervention a profité à quelqu'un ce n'est là qu'un leurre provenant d'une observation superficielle ou d'un esprit préconçu.

Je ne puis mieux finir ce chapitre qu'en reproduisant les lignes suivantes de la remarquable étude de M. de Castelmola sur *le Principe de non-intervention dans le droit international.* « Il en résulte que la non-intervention est juste et « légitime, parce qu'elle est le respect *de la liberté* des « États : par conséquent elle doit être observée lors même « qu'il serait utile de la violer, parce que la justice doit « toujours prévaloir sur l'utilité, et d'*ailleurs l'histoire « nous prouve que la violation de la justice, quoique ayant « produit une utilité momentanée, a toujours fini par nuire à « ses auteurs :* d'où il résulte que l'utilité n'a de valeur « pour nous qu'autant qu'elle est fondée sur le respect de « la justice. » (1)

(1) *Rivista europea,* nº du 16 mars 1882, p. 1003.

CHAPITRE III

HISTOIRE DE LA DOCTRINE DE L'INTERVENTION

Après avoir exposé la théorie de la non-intervention telle que je la comprends, il me sera plus facile d'examiner séparément les opinions des auteurs qui ont traité cette matière. Je n'ai pas voulu compliquer une matière déjà très difficile, par l'exposé et la réfutation des systèmes plus ou moins arbitraires, qui pour la plupart n'ont, à mes yeux, aucune valeur doctrinale ; cela m'aurait conduit à des répétitions inévitables et à de longues digressions, qui sont loin de contribuer à la clarté, lorsqu'il s'agit d'une question aussi difficile que celle qui forme l'objet de cette étude. D'ailleurs j'ai pensé, à tort peut-être, que si je parviens à prouver que la non-intervention absolue est la seule légitime, les systèmes qui admettent le contraire ne peuvent pas être fondés. C'est ce qui m'a fait consacrer un chapitre à part à l'historique de la doctrine.

Grotius ne traite nulle part *ex professo* la matière de l'intervention. Dans le livre II, chap. XXII, § 5, de son célèbre ouvrage : *De jure belli ac pacis*, il dit en parlant de *Causes injustes de guerre*, que la simple crainte de la puissance d'un voisin n'est pas un sujet légitime de prendre les armes : ceci est très rationel, car, comme le remarque très bien H. de Cocceii, dans ses commentaires sur l'ouvrage de Grotius, le droit de faire la guerre naît seulement *ex injuria facta, et sane non sequitur, nocere potest, ergo nociturus est* (1). Dans le chapitre XXV du même livre Gro-

(1) Hugonis Grotii *De jure pacis ac belli, cum commentariis Henr. L. B. de Cocceii*, Lausannæ, 1752, t. III, p. 466.

tius se demande si l'on peut légitimement prendre les armes pour délivrer les sujets d'un État de l'oppression de leur souverain ; il répond négativement : *Sane, ex quo civiles societates institutæ sunt, certum est, rectoribus cujusque speciale quoddam in suos jus quæsitum ;* et il en donne pour raison que le contraire donnerait lieu à bien des guerres. Malheureusement Grotius ne s'arrête pas à cette idée, et il ajoute : *Sed hæc omnia locum habent, ubi vero delinquunt subditi, adde etiam, ubi dubia est causa..... At non etiam, si manifesta sit injuria, si quis Busiris, Phalaris, Thrax Diomede ea in subditos exerceat, quæ æquo nulli probentur, ideo præclusum erit jus humanæ societatis.* » L'illustre auteur compare ensuite les sujets opprimés à un mineur, et l'État intervenant à un tuteur, et il dit que celui-ci a le droit d'intervenir car *quod uni non licet, alteri pro eodem licere potest.*

La démonstration de Grotius me semble très faible, et extrêmement facile à réfuter. En effet, elle repose sur cette idée, que les sujets ne peuvent jamais prendre légitimement les armes pour se défendre contre l'oppression de leur chef, or, cela est évidemment faux, car tout homme a droit à la justice, et dans notre cas, il n'y a d'autre moyen d'y arriver qu'en se révoltant contre le tyran et en lui ôtant le pouvoir dont il a indignement abusé. Du reste, la thèse de Grotius est d'autant plus inadmissible qu'il reconnaît lui-même au peuple le droit de se révolter contre un tyran (liv. I, ch. IV, § 11) ; et alors on peut lui demander : Comment peut-on concevoir que ce droit soit exercé par un autre peuple qui n'a reçu aucun mandat pour l'exercer ? La comparaison du peuple à un mineur ou à un absent n'est nullement sérieuse : les peuples sont toujours majeurs, toujours présents et ils savent se faire justice eux-mêmes ; les tyrans ont souvent vu la confirmation de cette vérité un peu désagréable pour eux. Grotius reconnaît lui-même les abus auxquels prête sa doctrine : *Scimus quidem ex veteribus, novisque historiis, alieni cupiditatem hos sibi quærere obtentus ; sed,* ajoute-t-il, *non ideo statim jus esse desinit, si quid a malis usurpatur. Navigant et piratæ : ferro utuntur et latrones.*

Le raisonnement de Grotius est un peu sophistique ; en effet, personne ne soutient que l'abus qu'on fait d'une chose empêche qu'elle soit juste en elle-même, mais il s'agit précisément de savoir si cette chose est juste, ce que l'illustre auteur n'a pas trop démontré. Du reste il faut remarquer que c'est détourner la question, que de parler de justice alors qu'il s'agit de répondre à une objection d'utilité. Grotius examine enfin un autre cas d'intervention, dont nous nous sommes occupé précédemment, et ici encore il est en désaccord avec les principes que j'ai admis sur l'intervention : *Sed nec libertas, sive singulorum, sive civitatum, id est autonomia, quasi naturaliter, et semper quibusvis competat, jus bello præstare potest. Nam libertas cum natura competere hominibus, aut populis dicitur,* ID INTELLIGENDUM EST DE JURE NATURÆ PRÆCEDENTE FACTUM OMNE HUMANUM, *et de libertate* κατὰ ζέρησιν, *non de ea, qua est* κατ' ἐναντιότητα, *hoc est, ut natura quis servus non sit,* NON UT JUS HABEAT NE UNQUAM SERVIAT : *nam hoc sensu nemo liber est....... Quare qui legitima causa in servitutem sive personalem, sive civilem devenerunt,* CONTENTI SUA CONDITIONE ESSE DEBENT, *ut et Paulus apostolus docet : « Vocatus es ad servitutem ? ne id torqueat* (1). »

Ce passage est tellement arriéré qu'il se passe de tout commentaire ! Il est vrai qu'il ne se rattache pas d'une manière directe à la matière de l'intervention, mais il est

(1) Hugonis Grotii, *De jure belli ac pacis*, l. II, ch. XXII § 11.

évident que si l'on admettait avec Grotius et son commentateur Cocceius que : *Populus, qui semel sui juris esse desinit, qui autonomiam justo bello amisit, et non suis, sed alienis legibus vivit,* LIBERTATEM AMISSAM VI ET ARMIS RECIPERE NEQUIT (1). Personne ne pourrait aider un peuple subjugué à regagner son indépendance. En effet, un secours n'est légitime qu'autant qu'il a pour but une cause juste, or les deux auteurs dont je parle, nient l'un et l'autre qu'un peuple une fois soumis ait encore le droit d'être libre. Pour se convaincre de la fausseté de cette détestable doctrine, il suffit de voir ce que j'ai dit dans le chapitre premier de cette étude, auquel je me contente de renvoyer.

Les premiers auteurs qui ont suivi Grotius, ne diffèrent pas beaucoup de lui sur la manière d'envisager l'intervention.

Ainsi *Pufendorf*, en examinant les causes injustes de guerre, s'accorde avec Grotius pour soutenir que la crainte que l'on a de la puissance d'un voisin, ne constitue pas une cause juste pour lui faire la guerre. « Un simple soupçon, « dit Pufendorf, nous autorise bien à prendre nos pré« cautions, et à nous mettre de bonne heure en état de dé« fense : mais il ne nous donne aucun droit d'attaquer, pas « même pour demander simplement à celui qui nous est « suspect quelque sûreté réelle, à la faveur de laquelle « on se croie désormais à couvert de toutes ses in« sultes (2). »

On voit que la question de l'intervention se posait aux auteurs du XVIIe siècle surtout relativement à ce qu'on appelait à cette époque l'équilibre européen, ou l'équilibre des

(1) Henricus de Cocceii, *Commentarius ad Hugo. Grotius*, ed. cit., t. III, p. 468.

(2) Pufendorf, *le Droit de la nature et des gens*, trad. par J. Barbeyrac, Basle, 1771, t. II, p. 555, livre VIII, chap. VI, § 5.

forces des États ; Grotius et Pufendorf écartent avec raison ce motif d'intervention armée (guerre), parce qu'ils se rappellent les nombreux abus et les guerres interminables auxquels a donné naissance la politique d'équilibre (1). Probablement si ces auteurs avaient vécu de notre temps, et s'ils avaient pu voir les abus criants qu'on a commis dans notre siècle grâce au principe d'intervention, ils seraient avec nous, pour combattre toute espèce d'immixtion dans les affaires intérieures d'une nation sous quelque prétexte que ce soit.

Mais revenons à notre auteur.

Pufendorf va plus loin que Grotius, et il nie le droit d'intervenir, même lorsqu'il s'agit d'un peuple anthropophage. « Je ne saurais non plus approuver, dit-il, ce que « dit le fameux Bacon, chancelier d'Angleterre, qu'une « coutume, comme celle qu'ont les Américains d'immoler « des hommes à leurs fausses divinités, et de manger de la « chair humaine, est un sujet suffisant de déclarer la « guerre à de tels peuples, comme à des gens proscrits par « la nature même (2). » Pufendorf fait ensuite plusieurs distinctions, et n'admet comme juste cause de guerre que le cas ou lesdits Américains mangeraient *des étrangers* non corsaires et non ennemis.

Mais Pufendorf finit par se contredire un peu plus loin, parce qu'il suit de trop près Grotius, son guide sur cette matière. Dans le paragraphe 14, du livre VIII, chapitre VI, il se demande si l'on peut entreprendre une guerre en faveur des sujets d'un autre prince, pour les délivrer de l'oppression de leur souverain ; et il répond en disant : « Le « plus sûr est, à mon avis, de dire que cela n'est permis

(1) Voir dans le même sens, J. G. Heineccius. *Opera omnia Genevœ* 1771, t. I, p. 442 et 462.

(2) Pufendorf, *op. cit.*, livre VIII, ch. VI, § 5, p. 556 de l'éd. cit

« que dans le cas où la tyrannie est montée à tel point, que « les sujets eux-mêmes peuvent légitimement prendre les « armes pour secouer le joug du tyran qui les op- « prime (1). »

Autant valait effacer complètement le principe de non-intervention, que Pufendorf venait de poser quelques pages auparavant ! Car enfin, je me demande où est la logique de Pufendorf, lorsqu'il admet l'intervention en cas d'oppression, et qu'il la repousse en présence d'holocaustes humains ? Quelle pourrait être la raison de cette étrange distinction ? Je n'en vois aucune et il me semble vraiment difficile d'en trouver une, car tout ceci n'est que du pur arbitraire !

Du reste Pufendorf n'a nullement pris la peine de motiver son opinion par des arguments de droit ou d'utilité, or, quelle que soit l'autorité d'un auteur, la doctrine ne peut pas s'incliner devant son opinion, elle ne doit discuter que ses arguments, et Pufendrof n'en a produit aucun à l'appui de son opinion,

Chr. de Wolff, né en 1679 et mort en 1754, forme la transition entre le XVIIe et le XVIIIe siècle, et sa doctrine sur l'intervention constitue un progrès considérable sur celle de Grotius et de Pufendorf, ses devanciers. On pourrait même considérer ce jurisconsulte comme le père du principe de non-intervention absolue, car il n'admet aucune exception à ce principe. Personne, n'a exprimé mieux que lui, le fondement du principe de non-intervention et le caractère de sa violation : « S'immiscer dans les affaires inté- « rieures des autres (*regimini alieno*), dit Wolff, de quelque « manière que ce soit, *c'est s'opposer à la liberté naturelle « des nations*, laquelle est indépendante dans son exercice

(1) Pufendorf, *op. cit.*, VIII, 6, 14 *in fine*, p. 566 de l'éd. citée.

« de la volonté des autres nations. Les États qui agissent « ainsi, agissent par le droit du plus fort (*vi imperii*) (1). »

On croirait que Wolff écrit de nos jours, tant il est moderne !

Nullus rector civitatis, ajoute-t-il dans le paragraphe suivant, *habet jus regimini alieno se immiscendi, consequenter urgere nequit, ut alter in civitate sua quid constituat, vel faciat aut non faciat, nec regimen rectoris unius civitatis subest judicio rectoris alterius cujusdam* (2). Examinant ensuite la question de l'intervention au point de vue de l'État qui en est la victime, Wolff nous dit : *Genti unicuique competit jus perfectum non patiendi, ut alia quædam se regimine ipsius quomodocumque immisceat* (3).

Dans le paragraphe 257 du chapitre II, *De officiis gentium*, Wolff admet que, si le souverain d'un État opprime ses sujets ou qu'il les traite durement, le *rector alterius civitatis* peut intercéder en leur faveur, mais *vi resistere nequit.*

Dans le chapitre VI, consacré au droit des nations de se faire la guerre, le savant jurisconsulte prussien dit que *Quoniam bellum punitivum licitum non est nisi ei, qui injuriam irreparabilem ab alio accepit, bellum punitvum non est in gentem, propterea quod sceleratissima est, seu jus naturæ immaniter violat, aut in Deum delinquit* » En combattant ensuite Grotius, Wolff fait remarquer, très judicieusement, que si l'on admettait un pareil droit, *inde non aliud jus sequetur quam mutua bellorum licentia* (4).

Quant aux guerres pour outrages portées contre la divi-

(1) Wolff, *op. cit.*, chap. II, § 257.

(2) *Ibid.*, § 269.

(3) Chr. Wolff,. *Jus gentium Francofurti et Lipsiæ*, 1764, chap. II, *De officiis gentium*, § 256.

(4) Wolff, *op. cit.*, § 637, et §§ 640-652 du chap. VI.

nité, Wolff les condamne en disant avec autant de raison que d'esprit, que Dieu se suffit à lui-même pour se venger des injures qu'on lui fait, et qu'il n'a nullement besoin pour cela du secours des hommes.

Enfin le savant jurisconsulte s'occupe de la théorie de l'équilibre européen, et il combat avec une très grande force d'argumentation ce vain motif de guerre.

Nous voyons par ces citations que Wolff, non seulement avait admis le principe de non-intervention absolue, mais il avait même très bien saisi le motif juridique sur lequel il s'appuie, et les dangers auxquels le principe contraire pourrait conduire ; nous pouvons donc affirmer sans exagération que, de tous les anciens auteurs de droit international, Wolff est celui qui a le mieux compris et le mieux exposé la théorie de la non-intervention (1).

Vattel commence en posant le principe de non-intervention : « Il n'appartient à aucune puissance étrangère, dit- « il, de prendre connaissance de l'administration d'un « souverain, de s'ériger en juge de sa conduite, et de « l'obliger à y rien changer. S'il accable ses sujets d'im- « pôts, s'il les traite durement, c'est l'affaire de la nation, « nul autre n'est appelé à le redresser, à l'obliger de suivre « des maximes plus équitables et plus sages. C'est à la « prudence de marquer les occasions où l'on peut lui faire « des représentations *officieuses* et *amicales* (2). »

(1) Il est vraiment étonnant que tous les auteurs modernes qui se sont occupés de la matière de l'intervention, aient omis le seul des anciens auteurs de droit international qui méritait d'être cité. Ainsi M. Calvo, pour ne citer que cet exemple, mentionne un grand nombre d'auteurs, parmi lesquels je vois même de simples annotateurs, et il oublie complètement Wolff, qu'il aurait dû, à notre avis, mentionner en première ligne. (Ch. Calvo, *op. cit.*, p. 237 en note.)

(2) Vattel, *Droit des gens* : Amsterdam, 1775, t. I, p. 168, l. II, chap. IV, § 55.

Jusqu'ici Vattel est irréprochable, quoiqu'il ne fasse qu'exprimer son opinion d'une manière sentencieuse ; mais dans le paragraphe suivant, l'auteur suisse vient à renverser lui-même le principe qu'il avait si nettement posé. « Mais si le « prince, attaquant les lois fondamentales, donne à son peuple « un légitime sujet de lui résister, si la tyrannie devenue in- « supportable, soulève la nation, toute puissance étrangère « est en droit de secourir un peuple opprimé, qui lui de- « mande son assistance..... Quand un peuple prend avec « raison les armes contre un oppresseur, il n'y a que jus- « tice et générosité à secourir de braves gens qui défen- « dent leur liberté (1) ! »

Rien de plus faux que cette théorie, dictée par un amour tout aussi exagéré que peu prévoyant pour la cause du peuple! En effet, si la tyrannie du prince est devenue insupportable, et si la nation s'est soulevée, qu'est-il besoin de l'étranger pour renverser ce prince ?

Un prince, lors même qu'il serait soutenu par quelques satellites, peut-il résister contre la volonté d'une nation tout entière, qui lutte pour la liberté?

D'ailleurs Vattel ne nous dit pas d'où la puissance étrangère puise son droit d'intervenir, et comment il serait possible d'éviter les abus auxquels sa doctrine pourrait donner naissance; et néanmoins ce sont là des questions capitales que l'auteur ne devrait pas passer sous silence.

« Toutes les fois donc, continue Vattel, que les choses « en viennent à une guerre civile, les puissances étran- « gères peuvent assister celui des deux partis qui leur « paraît fondé en justice. »

« Mais, ajoute-t-il un peu plus loin, on ne doit point « abuser de cette maxime pour autoriser d'odieuses ma-

(1) Vattel, *op. cit.*, l. II, ch. IV, § 56.

« nœuvres contre la tranquillité des États. C'est violer le « droit des gens que d'inviter à la révolte des sujets qui « obéissent actuellement à leur souverain, quoiqu'ils se « plaignent de leur gouvernement (1). »

Ce que dit Vattel est admirable, mais est-ce pratique? Il nous répond affirmativement : « La pratique des nations « est conforme à nos maximes ; » mais malheureusement l'histoire de son siècle allait lui donner un cruel démenti.

L'illustre auteur suisse finit en disant : « Pour ce qui « est de ces monstres qui, sous le titre de souverains, se « rendent le fléau et l'horreur de l'humanité, ce sont des « bêtes féroces, dont tout homme de cœur peut, avec jus- « tice, purger la terre. Toute l'antiquité a loué Hercule de « ce qu'il délivra le monde d'un Anthée, d'un Busiris, d'un « Diomède (2). »

Ceci était, qu'on me permette cette expression un peu commune, trop vieux déjà du temps de Vattel, qui ne fait que copier sur ce point Grotius: cette supposition est tout à fait invraisemblable de notre temps, et elle pourrait, sans aucun inconvénient, ne pas figurer dans un traité de droit international moderne.

Il faut remarquer, du reste, que ce passage pose et résout, sous une forme un peu captieuse, la question du régicide ; je n'ai pas à me prononcer ici sur cette délicate question, mais alors même qu'on admettrait le régicide, je crois qu'on doit refuser absolument aux étrangers le droit de tuer ou d'aider à tuer un prince tyran, sous prétexte que c'est une bête féroce, dont tout homme de cœur peut, avec justice, purger la terre.

De nos jours, les peuples n'ont plus besoin d'Hercule

(1) Vatel, *op. cit.*, l. II, ch. IV, § 56.
(2) Vattel, *ibid.*, § 56 *in fine*.

pour combattre et détruire les monstres ; tout peuple est un Hercule ; qu'il se lève, et il n'y aura pas de tyran au monde qui puisse lui résister (1).

G. F. de Martens est à cheval sur le XVIIIe et le XIXe siècle ; la première édition de son ouvrage sur le droit international date de 1785, la dernière à laquelle il mit la main est de 1820.

Pas plus que les auteurs précédents, Martens ne traite nulle part, d'une manière spéciale, la matière de l'intervention. Je remarque en outre que malgré la grande autorité dont a joui et jouit encore cet auteur, sa doctrine sur l'intervention, loin de marquer un progrès, constitue au contraire un pas en arrière ; nul auteur, plus que lui, n'a laissé la porte ouverte à tous les abus. Martens, qui dans la préface de l'édition allemande de son livre (de 1796) combat la déclaration du droit des gens que présenta en avril 1795 le député Grégoire, semble avoir écrit son droit des gens expressément pour la Sainte-Alliance ; ou plutôt, pour être plus exact, je dirai qu'il paraît que Martens fut le guide et l'oracle de la Sainte-Alliance.

En effet cet auteur admet que « lorsqu'une nation est partagée d'opinion et de volonté, on ne peut refuser à une

(1) Je ne cite que pour mémoire le *Droit des gens* du professeur de Félice, qui admet en tout l'opinion de Vattel, son contemporain, qu'il copie servilement Cet auteur finit en disant que : « Le « vif intérêt que les nations étrangeres ont pris dernièrement pour « les dissidents de la Pologne, les efforts que les premières têtes de « l'État et le digne chef lui-même, ont fait pour répondre aux em- « pressements des nations voisines au secours des malheureux, cet « exemple, dis-je, montre assez combien l'esprit humain a fait de « progrès à cet égard depuis moins d'un siècle (*Droit des gens*, « Yverdun, 1769, 2e partie, t. II, 15e leçon, p. 34 et 35). De Félice croit donc que les événements qui se sont accomplis en Pologne à la fin du dernier siècle, témoignent un progrès dans le droit international ! C'est assez dire de cet auteur de troisième ordre, dont j'ai eu peut-être tort de troubler l'oubli dans lequel il est enseveli !

« nation étrangère le droit : 1° d'offrir ses bons offices, etc...;
« 2° de prêter toute sorte de secours à celui des deux partis « *qui est autorisé* (?) à le provoquer, et qui l'a réclamé effec- « tivement ; 3° de s'immiscer, même de son chef, dans une « telle dispute, lorsqu'un droit acquis à titre particulier « ou le soin de sa propre conservation l'y autorise (1). »

On pourrait demander à Martens quel est, dans une dispute, celui des deux partis, qui est autorisé à provoquer le secours ? par qui et en vertu de quel droit est-il autorisé ? On peut lui demander encore dans quel cas le soin de la propre conservation autorise un État étranger à s'immiscer dans les affaires intérieures d'un autre État ? Notre auteur se garde bien de toucher à tous ces points, qui sont pourtant essentiels pour la solution de la question dont il s'occupe.

Martens reconnaît lui-même qu'en admettant les exceptions qu'il pose, il ne restera presque rien de la règle de non-intervention, lorsqu'il s'agira de faire son application en pratique, mais il se contente de faire cette remarque sans rien ajouter : « Or, dit-il, comme par une suite natu- « relle de l'indépendance des États, chaque nation se con « duit d'après ses propres lumières, il est peu surprenant « que les exceptions, *qu'on ne peut rejeter en théorie* (?), « soient tellement étendues dans la pratique qu'elles sem- « blent emporter la règle ; de sorte qu'il n'est guère de « contestation importante relative à la constitution inté- « rieure d'un État à laquelle des puissances étrangères ne « trouvent le prétexte de prendre part lorsqu'elles le jugent « à propos, sans croire s'écarter par là du droit des gens « et du principe reconnu de l'indépendance et du libre

(1) G. F. de Martens, *Précis du droit des gens moderne de l'Europe*, Paris, 1831, t. I, p. 182, livre III, chap. II, § 74 et p. 195, III, II, § 81.

« vœu des nations ; d'autant plus que cette question, si telle « résolution peut être considérée comme le vœu libre de « la nation, est souvent des plus douteuses (1). »

Je pense que ces lignes sont la meilleure réfutation de la doctrine de Martens, qui du reste n'a aucune valeur scientifique, n'étant appuyée par aucun argument sérieux.

Enfin Martens, contrairement aux auteurs que nous avons mentionnés précédemment et à presque tous les auteurs de droit international, admet le système connu sous le nom d'*équilibre européen*, et il il insiste très longuement sur cette question (2).

J. L. KLÜBER n'admet l'intervention, « si ce n'est en « vertu d'un droit qu'un État aurait acquis à juste titre, « ou bien que la nécessité excuse. Appelé même par un « parti s'il y a des dissensions sur la constitution, il ne « doit pas le secourir, à moins de raisons suffisantes (3). » C'est dire que Klüber admet l'intervention dans tous les cas. En effet, rien de plus vague que ces formules : *droit que la nécessité excuse*, et *à moins de raisons suffisantes*, car notre auteur ne nous dit pas quand la nécessité excuse une intervention, et quelles sont les raisons suffisantes pour intervenir ; ces formules vagues sont d'autant plus critiquables, que ce sera toujours l'État intervenant qui déterminera leur portée, et il est sûr qu'on n'est pas toujours le meilleur juge de l'étendue de ses droits.

D'ailleurs Klüber me semble peu juriste lorsqu'il prétend que la nécessité peut excuser un droit, car le droit se suffit par lui-même, et il n'a besoin d'aucune excuse. La néces-

(1) Martens, *op. cit.*, l. III, ch. II, § 74, t. I, p. 182 et 183, éd. citée.

(2) *Ibid.*, l. IV, ch. I, §§ 121-125, t. I, p. 271 et suiv. de l'éd. cit.

(3) J.-L. Klüber, *Droit des gens moderne de l'Europe*, Stuttgart, 1819, § 51, p. 87 et 88.

sité est une circonstance qui peut avoir influence sur l'excusabilité d'un *fait;* mais elle ne peut jamais donner naissance à un droit.

La nécessité de se défendre *excuse* le *fait* d'avoir tué son adversaire, mais elle ne constitue pas un droit particulier au profit de la victime de l'agression ; on a dit avec raison DROIT *de légitime défense*, on n'a jamais dit *droit de tuer légitimement pour se défendre*, car ce n'est là qu'un simple fait.

J'ai suivi jusqu'ici l'ordre chronologique des auteurs, qui ont traité la question de l'intervention ; cette méthode ne saurait être appliquée, et elle n'aurait du reste aucune utilité, lorsqu'il s'agit d'auteurs qu'on peut appeler contemporains. Ces auteurs étant trop nombreux pour les passer tous en revue, je me contenterai d'exposer les systèmes de quelques-uns d'entre eux, en suivant l'ordre alphabétique.

M. Arntz, après avoir cherché pendant plusieurs années une formule qui puisse justifier l'intervention dans les affaires intérieures d'un autre État (1), en même temps que la *limiter* et en *prévenir les abus*, croit l'avoir trouvée dans les deux formules suivantes : 1° « Lorsque les institutions « d'un autre État violent les droits d'un tiers ou *menacent* « de les violer, ou lorsque cette violation est la conséquence « nécessaire de ces institutions, et qu'il en résulte l'im« possibilité de coexistence régulière des États.......

« 2° Lorsqu'un gouvernement, tout en agissant dans la « limite de ses droits de souveraineté, viole les droits de « l'humanité, soit par des mesures contraires à l'intérêt « des autres États, soit par des excès d'injustice et de « cruauté qui blessent profondément nos mœurs et notre ci« vilisation, le droit d'intervention est légitime. Car quelque « respectables que soient les droits de souveraineté et

(1) La chose en valait la peine, car, à notre avis, le savant professeur belge cherchait la quadrature du cercle !

« d'indépendance des États, il y a quelque chose de plus « respectable encore, c'est le droit de l'humanité, ou de la « société humaine, qui ne doit pas être outragé(1). »

Arrêtons-nous un instant pour examiner les deux formules de M. Arntz.

Le savant professeur dit qu'un État a le droit d'intervenir lorsque les institutions d'un autre État violent ou menacent de violer les droits d'un *tiers*, et qu'il en résulte une impossibilité de coexistence régulière des États ; mais il omet de nous dire deux choses fort essentielles :

1° Quand les institutions d'un État peuvent-elles violer ou menacer de violer les droits d'un tiers, etc. ?

2° Comment faire pour éviter *les abus* auxquels sa formule pourrait donner naissance ?

Quant à la seconde formule de M. Arntz, elle est tout aussi inadmissible que la première, car un gouvernement, tant qu'il fait des actes intérieurs, n'a d'autre juge que le pays qui lui a confié ses destinées. C'est en vain que le savant professeur parle des droits plus respectables que les autres ; tous les droits sont également respectables, et je n'en connais aucun qui soit plus respectable que la liberté et l'égalité, droits que l'intervention viole manifestement. D'ailleurs on peut adresser à cette formule la même critique que celle que j'ai adressée à la première : comment ferait-on pour éviter les abus auxquels elle pourrait donner naissance ? M. Arntz croit trouver la garantie contre les abus, dans l'intervention collective : « ... Un État isolé, « dit-il, ne peut pas s'arroger le droit d'intervention ; ce « droit ne peut être exercé qu'au nom de l'humanité re- « présentée par tous les autres États, ou tout au moins « par le plus grand nombre d'États civilisés, qui doivent se

(1) *Revue du droit international*, 1876, t. VIII, p. 673-675. Lettre de M. Arntz à M. G. Rolin-Jacquemyns.

« réunir en congrès ou en un tribunal pour prendre une « *décision collective*. De cette manière on peut concilier le « droit d'intervention avec la garantie de l'indépendance « des États (1) ».

L'histoire de notre siècle prouve combien cette garantie est illusoire : elle est la meilleure réfutation du passage que je viens de citer et de tout système d'intervention collective.

Enfin M. Arntz dit que, de même que dans l'État « la « liberté de l'individu est restreinte et doit être restreinte « par le droit et les mœurs de la société, de même la liberté « individuelle des États doit être limitée par les droits de « la société humaine. » D'accord ! mais la question est précisément de savoir quels sont ces droits, c'est à-dire si l'intervention dans les affaires intérieures d'une nation constitue un droit pour les autres États.

En définitive, je ne crois pas que les formules du savant professeur belge, aient résolu le difficile problème de l'intervention.

Bluntschli pose d'abord le principe que : « Les puissances « étrangères ne peuvent pas dans la règle s'immiscer, au « nom du droit international, dans les questions constitu- « nelles qui surgissent dans un État indépendant, ni y in- « tervenir en cas de révolution politique (2). » Il remarque ensuite avec raison que c'est à chaque État de faire respecter chez lui la constitution et l'ordre public : « En ren- « versant un gouvernement, dit-il, en détrônant un prince « en élevant au pouvoir un usurpateur, en enlevant au

(1) *Revue du dr. intern. loc., cit.*

(2) Dr J.-C. Bluntschli *Das moderne Volkerrecht civilisirten Staten*, Nordlingen, 1878. III[te] Aufl., S. 267. Regel 474, et traduct. franç. C. Lardy : *le Droit international codifié.* Paris, 1874, 2e éd., p. 269, règle 474.

« peuple certains droits constitutionnels, on viole le « droit constitutionnel existant, mais on ne porte pas at- « teinte au droit international, c'est-à-dire aux relations « d'un État avec les autres. »

Jusqu'ici Bluntschli est d'accord avec les principes que nous avons admis sur l'intervention ; mais dans la règle 476 il dit que « lorsqu'un gouvernement menacé demande à « une puissance étrangère d'intervenir, la validité de cet « appel dépend de la question de savoir si le gouvernement « en question peut encore être considéré comme l'organe « et le représentant de l'État. » A mon avis, la question ne saurait pas faire l'ombre d'un doute : tout gouvernement qui a besoin pour se soutenir de faire appel à l'étranger, cesse par cela même d'être l'organe ou le représentant de l'État, car un État ne peut être représenté rationnellement que par la majorité (1).

Le jurisconsulte allemand admet encore l'intervention « pour faire respecter les droits individuels reconnus néces- « saires ainsi que les principes du droit international, « lorsque ceux-ci viendront à être violés dans les luttes « que se livrent entre eux les citoyens d'un même État (2).

Rien de plus vague que cette règle, car personne ne saurait dire avec précision quels sont les *droits individuels reconnus nécessaires*, et grâce à ce vague, toute intervention sera facilement justifiée. Du reste ce que dit Bluntschli est peu logique, car il parle de l'application des règles du droit international, alors qu'il s'agit de luttes entre les citoyens d'un même État ; or, quoiqu'il serait désirable que les citoyens se conformassent à ces principes dans leurs guerres civiles, il est en dehors de toute controverse, à notre avis,

(1) Voir dans ce sens : Th. Funck-Brentano et Albert Sorel, *Précis du droit des gens*, Paris, 1880, p. 219 et 220.

(2) Bluntschli, *op. cit.* règle 478.

que personne n'a le droit de les leur imposer alors qu'ils ne veulent pas en tenir compte. « Une minorité opprimée, « dit Bluntschli, pourra dans les circonstances ci-dessus « provoquer l'intervention étrangère, non pas au nom de « l'État, mais au nom du droit international (1). »

Mais alors l'intervention sera toujours possible, car toute minorité est, dans des pareilles circonstances, plus ou moins opprimée.

L'auteur cite comme exemple les chrétiens de la Turquie, qui ont fait plusieurs fois avec succès appel à l'intervention étrangère : l'exemple me semble mal choisi, car dans ce cas il ne s'agissait pas d'une lutte entre les citoyens d'un même État ; c'était là une guerre entre plusieurs nations composant un État, et la chose est tout à fait différente, comme nous l'avons montré dans le premier chapitre de cette étude.

En un mot, et pour dire mon opinion tout franchement, je crois que Bluntschli, malgré son érudition et son talent incontestable, n'a apporté aucune lumière sur la question de l'intervention, qu'il a traitée, — oserai-je le dire ? — un peu trop légèrement.

M. Ch. Calvo, après avoir dit qu'aucun auteur ne fournit des données nettes, irréfragables, sur lesquelles on puisse baser des règles fixes et précises, émet l'opinion « qu'on « ne saurait se flatter de résoudre la question d'une ma- « nière entièrement satisfaisante, qu'en se transportant « sur le terrain de la pratique, qui seul conduit à recon- naître que, si parfois on a fait dériver les interventions « de calculs égoïstes ou de l'interprétation erronnée d'en- « gagements conventionnels, *il est des cas d'immixtion qui « reposent sur l'exercice d'un droit incontestable*, et dont la

(1) *Ibid.*, explic. de la règle 478.

« tendance et l'appréciation sont logiquement et nécessai-
« rement d'accord avec les vrais principes internationaux.
« Cette manière de voir est pleinement confirmée par
« l'étude des cas d'intervention les plus importants que
« présente l'histoire, surtout dans les temps qui se rap-
« prochent le plus de nous (1). »

La manière de traiter la question de M. Calvo, me semble tout à fait inacceptable, car elle réduit le rôle du droit international à un simple enregistrement de la pratique diplomatique.

Je pense que les principes du droit international, comme ceux de tout autre droit, peuvent être discutés en eux-mêmes et en faisant abstraction de circonstances de fait qui peuvent arriver dans leur application pratique : jamais jurisconsulte n'a prétendu que, pour résoudre la question de la légitimité du vol, il faille examiner tel ou tel cas de vol. Et, même dans le droit international, personne n'a soutenu que pour savoir si une nation a le droit d'être libre, il faille se transporter sur le terrain de la pratique.

Pourquoi donc n'en serait-il pas de même du principe de non-intervention, qui, — comme le disait il y a peu de temps un vénérable maître, — n'est que le respect de la liberté des nations (2) ? J'avoue que je ne vois aucune raison de distinguer. En réalité M. Calvo, au lieu de résoudre la question en nous disant *ce qui est légitime*, nous met en présence des faits, en nous montrant *ce qui se passe* dans la diplomatie ; or la difficulté de la question n'est pas de savoir *ce qui se pratique*, mais bien de savoir *ce qui devrait se pratiquer.*

(1) Ch. Calvo, *le Droit international*, Paris, 1880, t. I, § 134, p. 238 de la 3e éd.

(2) Ad. Franck, Leçon d'ouverture au Collège de France du 4 décembre 1883.

En concluant, M. Calvo dit : « De l'exposé historique de « l'intervention et des doctrines développées par les in- « terprètes du droit international, il résulte que l'in- « tervention aussi bien que la non-intervention sont « considérées comme des principes du droit des gens ; la « discussion roule uniquement sur la question de savoir « laquelle des deux est la règle. Il est permis toutefois « d'augurer que si l'on écarte la position exceptionnelle de « la Turquie à l'égard des puissances de l'Europe dont elle « a accepté la garantie, le système de non-intervention pa- « raît généralement prévaloir dans les relations politiques « des États entre eux (1). »

Ceci n'est qu'une simple observation de fait très exacte et très intéressante, sans doute, mais sur laquelle nous n'avons rien à dire.

Dans une excellente étude sur le principe de non-intervention, publiée dans la *Revue du droit international,* M. Carnazza Amari se déclare adversaire résolu de toute intervention dans les affaires intérieures d'un État. De tous les auteurs que j'ai mentionnés jusqu'ici, l'honorable professeur de l'Université de Catane est celui dont je goûte le plus les idées sur l'intervention. C'est pourquoi je ne chercherai point à résumer sa doctrine sur l'intervention ; sauf la méthode d'exposition, elle est la même que celle que j'ai développée dans cette étude ; je me contenterai donc de relever les points, très peu nombreux du reste, sur lesquels nous ne sommes pas d'accord.

D'après le savant auteur italien, « c'est dans le prin-

(1) Calvo, *op. cit.*, § 201, p. 308. Ces lignes sont la reproduction, on pourrait même dire la copie littérale, d'un passage de l'étude de M. Carnazza Amari sur l'intervention (*Rev. du dr. intern.*, 1873, p. 360), que l'auteur a, par oubli sans doute, omis de citer.

« cipe des nationalités que doivent se trouver le fondement « et les limites du principe de non-intervention.

« ...Et en effet, pour qu'une nationalité existe, il est né- « cessaire qu'elle soit autonome, c'est-à-dire indépendante « et libre, ayant l'entière disposition de son activité inté- « rieure et extérieure (1). »

A mon avis, ce n'est pas dans le principe des nationalités qu'on doit chercher le fondement de la non-intervention, au contraire, c'est le principe des nationalités qui a pour fondement la règle de non-intervention. M. Carnazza Amari dit lui-même que, pour qu'une nationalité existe, il faut qu'elle soit autonome, c'est-à-dire indépendante et libre, or ceci prouve bien que le principe des nationalités présuppose la règle de non-intervention. En réalité le véritable fondement de la non-intervention, celui que j'ai admis avec Wolff, Casanova et M. Ad. Franck, c'est la *liberté naturelle* des États, ou, ce qui est la même chose, l'*égalité* qui doit exister entre les nations indépendantes.

Un autre point sur lequel je ne suis pas d'accord avec M. Carnazza Amari, c'est qu'il prétend que « une condi- « tion essentielle de la légitimité de la séparation de « deux peuples, et par conséquent de l'assistance étran- « gère, c'est que l'union ait eu son origine dans la force ou « dans la violence, parce que là où elle aurait été voulue « et nationale, on ne peut ensuite la dissoudre par la vo- « lonté d'une seule des parties contractantes. Cette règle « se rattache au principe de droit commun qui n'accorde « aucune existence juridique à toute convention extor- « quée par la force et la violence, et déclare valides et in- « dissolubles par la volonté d'un seul celles qui ont été « volontairement consenties (2). »

(1) *Revue du droit international*, V[e] année, 1873, p. 367.
(2) *Rev. du dr. internat.*, 1873, t. V, p. 537.

Il y a ici, si je ne me trompe, une double erreur à signaler. D'abord il est inexact de dire que le droit commun n'accorde aucune existence juridique à une convention extorquée par la force et la violence : une pareille convention n'est pas nulle, elle est simplement annulable, ce qui prouve bien qu'elle a une *existence juridique*, car on n'annule que ce qui existe. Il est non moins inexact de dire que toute convention librement consentie ne peut être dissoluble par la volonté d'une seule des parties contractantes ; car, selon le droit commun, les sociétés dont la durée n'a pas été fixée d'avance, — et dans notre cas il y a bien une véritable société, — peuvent être dissoutes par la volonté d'une seule des parties contractantes. D'autre part la liberté étant un droit naturel, inaliénable et imprescriptible, tout empêchement à l'exercice de la liberté n'est qu'une simple tolérance ou un abus de force ; et par conséquent, le titulaire du droit a la faculté de reprendre, quand bon lui semblera, et sans le consentement du bénéficiaire, l'exercice de son droit. C'est pourquoi je ne puis pas admettre l'opinion de MM. Ch. Calvo, Carnazza Amari, Rolin-Jaequemyns et lord Russel, qui font à la Turquie une situation non seulement exceptionnelle, mais unique au monde, parce que tel sultan a eu l'imprudence, et tel autre la faiblesse, d'abandonner aux puissances européennes des droits qui sont le patrimoine inaliénable de tout État indépendant (1).

L. Casanova a traité la question de l'intervention d'une manière incomplète, mais ses idées sont très justes et remarquablement exprimées. Selon cet auteur « le principe « de non-intervention est la liberté individuelle des États, »

(1) Ch. Calvo, *op. cit.*, § 201, p. 308 ; Carnazza Amari, *Rev. du dr. int.*, t. V., p. 366 ; Rolin-Jaequemyns, *ibid.*, t. VII, p. 368 et suiv ; lord Russel, lettre publiée dans le *Times* du 2 septembre 1875.

et de cette idée il tire d'abord la conséquence que « tout « gouvernement de fait, c'est-à-dire tout gouvernement qui « existe, qui est reconnu et obéi par la nation, a le droit « d'être considéré et traité comme un gouvernement légi- « time. » Une seconde conséquence que Casanova tire, avec raison, du principe de non-intervention, c'est qu'en cas de guerre civile, les puissances étrangères doivent garder la neutralité. « Porter secours à l'une ou à l'autre des parties bel- « ligérantes, c'est mettre un obstacle à la libre expression « de la volonté nationale. » Quid en cas de traité garantissant une constitution? La réponse est très facile, dit l'illustre auteur, « en effet, ou le traité est nul, ou l'État « qui a fait la promesse n'a qu'une existence nominale. De « pareilles stipulations ne sont qu'une honteuse (*vergo-* « *gnosa*) abdication de la souveraineté (1). »

Il me semble superflu de dire que je partage toutes ces idées qui ne contredisent en rien celles que j'ai exposées dans la première partie de cette étude.

Comme les deux auteurs précédents, M. LE COMTE H. DE CASTELMOLA se prononce contre toute espèce d'intervention, et il réfute avec une compétence magistrale les différents prétextes d'intervenir dans les affaires intérieures d'une nation. L'auteur reconnaît encore avec nous la légitimité du secours porté à une nation pour s'affranchir de la domination étrangère; mais, et c'est ici que je me sépare de lui, il considère ce fait comme étant une exception au principe de non-intervention. « Quelques écrivains, dit M. de Castelmola, « appellent cette intervention (2) un secours, une alliance, « anormale, il est vrai, mais alliance, vu qu'on reconnaît le

(1) Lud. Casanova, *Diritto internazionale*, 3e ed., Firenze, 1870, vol. I, lez. v, pp. 70, 75 et 83.

(2) Il faut dire *ce fait*, autrement on préjuge la question qu'on discute.

« droit de la nation rebelle de se constituer en État. Quant « à nous, nous ne pouvons pas accepter cette notion d'al- « liance, parce que l'alliance est un pacte entre deux États « égaux et constitués, tandis que dans la nation révoltée il « y a la force (*potenzia lita*) d'un État, mais non un État « constitué (1). »

Cette démonstration ne m'a nullement convaincu. En effet, la question n'est pas de savoir si une nation rebelle peut faire alliance avec un État indépendant, mais tout simplement de décider si une puissance qui prête secours à une nation pour s'affranchir du joug de l'étranger commet ou non un acte d'intervention. Or M. de Castelmola reconnaît lui-même, par une bizarre contradiction, que « dans « ce cas il n'y a pas une véritable intervention ». Comment donc peut-il soutenir encore que ce fait constitue une exception au principe de non-intervention!

Sauf cette petite critique, je crois que l'étude de M. Castelmola sur l'intervention est une des meilleures qu'on ait écrites sur cette difficile question.

M. P. Fiore, l'un des chefs de l'école italienne, après avoir posé comme règle le principe de non-intervention, ajoute comme complément à sa règle, que « le devoir « absolu de ne pas intervenir dans les affaires intérieures « d'un autre pays doit s'entendre limité à tout ce qui peut « être considéré comme une question de droit constitution- « nel et un exercice des droits de la souveraineté, selon les « principes du droit commun et du droit naturel interna- « tional. » Et pour éviter toute conclusion absurde, le savant professeur de l'Université de Naples pose les règles suivantes :

a) Il n'y a pas de droit d'intervenir là où un État, sans

(1) *Rivista europea : Principio del non-intervento*, t. XXVIII, p. 36 et 37.

violer le droit international, résout une question de droit constitutionnel, et pourvoit comme il croit mieux à son ordre intérieur.

b) Quand l'organisation politique cause une lésion aux droits d'autrui, la partie lésée a le droit de se défendre. C'est là un *casus belli*, et il doit être apprécié avec les principes qui règlent le droit de la guerre.

c) Le dommage médiat, le péril, le préjudice, l'offense des intérêts et des expectatives qui peuvent être une conséquence indirecte d'un changement intérieur, ne donnent naissance à aucun droit de s'ingérer (1).

La seconde règle de M. Fiore est, à mon avis, inacceptable : pour qu'elle soit vraie, il faudrait qu'il y ait des cas dans lesquels l'organisation intérieure d'un État puisse causer une lésion aux droits d'un autre État; or nous avons vu que cela est inadmissible, vu qu'aucun État ne peut avoir un droit quelconque sur l'organisation intérieure d'un autre État, et qu'on ne peut léser qu'un droit qui existe.

Il y a un autre passage de M. Fiore qu'on peut critiquer du moins au point de vue de son ambiguité, c'est le suivant : « La violation d'un principe admis par le consentement « commun comme une règle positive de droit internatio- « nal, peut légitimer l'intervention collective de tous les « États qui conviennent sur ce principe. » (Exemple : les règles du droit maritime admises dans la déclaration du 30 mars 1856) (2).

Si M. Fiore veut, dans ce passage, dire tout simplement que les puissances qui ont admis certaines règles du droit international, peuvent légitimement s'opposer à la

(1) Pasquale Fiore, *Trattato di diritto internazionale publico*. Torino, 1879, t. I, n° 568, p. 433 et 434.

(2) *Ibid.*, n° 577, p. 440 et 441.

violation de ces règles par l'une des puissances contractantes, personne ne peut rien objecter, car ce n'est là que l'application de cette règle du droit commun, que les conventions font la loi des parties contractantes, et qu'elles doivent être exécutées de bonne foi ; mais si, au contraire, il veut soutenir que l'opposition des puissances dans une pareille circonstance, constitue un acte d'intervention, il me semble qu'il se trompe, car dans ce cas il ne s'agit pas d'une immixtion dans les affaires intérieures d'une nation, ou dans son organisation politique (1).

En tout cas l'éminent professeur a mal exprimé sa pensée.

Dans leur *Précis du Droit des gens*, MM. Th. FUNCK-BRENTANO et Albert SOREL disent que : « L'État intervenant, « manque par le fait même de l'intervention au respect « qu'il doit à la souveraineté et à l'indépendance de l'État « dans les affaires duquel il intervient. L'intervention n'est « donc pas un droit, car il n'y a pas de droit contre le

(1) La doctrine de M. Fiore, que je viens d'exposer très sommairement, se trouve dans la deuxième édition italienne de son *Droit international*. Mais, dans la première édition même ouvrage publiée en 1865, que je ne connais que par la traduction de M. P. Pradier-Fodéré, sa doctrine sur l'intervention n'est pas la même. Dans l'édition de 1865, l'auteur confond sous un même nom le secours donné à une nation qui veut s'affranchir et l'ingérance dans les affaires intérieures d'une nation (t. I, p. 221) ; il admet qu'on peut intervenir, lorsque les deux parties aux prises sont tellement faibles, que ni l'une ni l'autre ne puisse l'emporter et établir un gouvernement, et il en donne un exemple extrêmement mal choisi : la lutte d'indépendance de la Grèce (t. I, p. 223) ; enfin l'auteur admet avec Grotius qu'on peut intervenir lorsqu'un État viole ouvertement les lois de l'humanité et de la justice (t. I, p. 225 du *Nouveau droit international public*, de M. Fiore : Paris, 1868. Je me borne à constater ces idées, dont la réfutation est, ou sera faite, dans cette étude.

« droit, et la souveraineté des États est un principe essen-
« tiel du droit des gens (1). »

Ces lignes, remarquables par leur concision, contiennent une idée très vraie ; malheureusement les deux auteurs attribuent au mot intervention un sens beaucoup trop large. Ainsi ils considèrent le secours donné à une nation pour reconquérir son indépendance, comme constituant un acte d'intervention ; ici, les deux auteurs ont au moins pour eux le langage diplomatique et l'opinion de l'ancienne école de droit international. Mais lorsque MM. Funck-Brentano et A. Sorel prétendent que la politique des États-Unis exposée dans le message du président Monroë du 2 décembre 1823, est une politique d'intervention, ils se séparent complètement de la doctrine, du langage diplomatique et même du sens et de la lettre du message auquel ils se réfèrent. En effet, les deux auteurs prétendent que les « États-Unis de l'Amérique du Nord n'*entendaient pas que* « *l'Espagne rétablît son empire sur ses colonies*, ni qu'aucune « puissance l'y aidât (2). » Or le message du 2 décembre 1823 dit clairement que les États-Unis n'empêcheront pas l'Espagne de rétablir son autorité en Amérique, mais qu'ils veulent qu'aucune puissance européenne ne se mêle de cette affaire, et que le gouvernement espagnol soit laissé à ses propres ressources (3). En agissant ainsi, non seule-

(1) Th. Funck-Brentano et Alb. Sorel, *Précis du Droit des gens*, Paris, 1877, p. 216.

(2) Funck-Brentano et Alb. Sorel, *op. cit.*, p. 213.

(3) C'est ce qui résulte de la teneur du message Monroë et surtout du passage suivant : « Si nous envisageons la force et les res- « sources de l'Espagne et des nouveaux gouvernements de l'Amé- « rique, ainsi que de la distance qui les sépare, il est évident que « l'Espagne ne pourra jamais parvenir à les soumettre. *La véri-* « *table politique des États-Unis est toujours de laisser à elles-* « *mêmes les parties contendantes*, dans l'espoir que les autres « puissances suivraient le même système. » (Calvo, *op. cit.*, n° 148, p. 251.

ment le gouvernement des États-Unis ne se rendait pas coupable d'une intervention, mais même il empêchait les puissances européennes de commettre un pareil acte illégal.

La doctrine de Heffter sur l'intervention, me semble un peu surannée. Il dit que le principe de non-intervention est seul vrai, mais il ajoute que l'intervention est un *droit exceptionnel* fondé sur des raisons spéciales, qui n'ont pas toujours été, selon son propre aveu, dans la pratique des nations, des raisons légitimes et n'ont souvent eu d'autre fondement que des intérêts égoïstes(1). Quant aux cas d'intervention admis par Heffter, ils sont au nombre de quatre :

1° *Lorsque l'intervention s'opère avec le consentement formel de l'État dans les affaires duquel on intervient.*

Ce premier cas d'intervention n'est pas si simple qu'il le semble au premier abord. Sans doute, le jurisconsulte allemand ne veut pas dire qu'on a le droit d'intervenir dans les affaires intérieures d'un État, lorsque tous les citoyens sont d'accord pour admettre l'intervention, car dans ce cas, l'intervention n'ayant fait tort à personne, la question de légitimité ne peut pas se poser. D'ailleurs, dans ce cas, il ne peut pas y avoir une intervention, parce que l'État requérant est censé avoir donné un mandat à l'État requis pour régler ses affaires et *qui mandat ipse fecisse videtur*.

En réalité, cette exception, si bénigne en apparence, signifie qu'en cas de guerre civile entre deux nationalités composant un même État, ou entre les citoyens d'une même nation, le gouvernement peut faire appel à une puissance étrangère, et *celle-ci a le droit de l'aider à écra-*

(1) A. G. Heffter, *le Droit international de l'Europe*, trad. J. Bergson, 3e édit. fr., Berlin-Paris, 1873, § 44, p. 94.

ser ou à soumettre ses adversaires. Je crois qu'il suffit de mettre l'exception de Heffter sous son véritable jour; ceci équivaut à un jugement et à une condamnation.

2° Heffter admet encore l'intervention, lorsque les changements intérieurs d'un État auraient pour effet de dépouiller un souverain étranger de ses droits de succession éventuels ou de ceux seigneuriaux.

Je me contente de mentionner cette exception, qui ne mérite pas la peine d'être réfutée, malgré la grande autorité de Heffter! Du reste, M. Calvo a pris sur lui cette besogne, et il s'en est acquitté d'une façon qui ne laisse rien à désirer.

3° La troisième exception proposée par l'illustre jurisconsulte allemand au principe de non-intervention, c'est que, *lorsqu'il s'agit de mettre fin à une guerre intestine, on a le droit d'intervenir*: il faut seulement, dit Heffter, que les États intervenants n'usent pas légèrement de ce droit, car les notions de juste et d'injuste étant sujettes à erreur, sont d'une application très difficile (1).

J'ai déjà combattu ce cas d'intervention dans le premier chapitre de cette étude. Remarquons seulement ici, que si on voulait admettre cette troisième exception, le principe de non-intervention deviendrait une règle platonique, que tout le monde pourrait violer, je ne dis pas en abusant, mais en usant de l'exception si largement formulée par Heffter.

4° Enfin, une quatrième exception, admise par le savant auteur, c'est pour empêcher l'ingérence non justifiée d'une puissance dans les affaires extérieures d'un pays, lorsqu'elle est de nature à créer un précédent attentatoire à l'indépendance de plusieurs ou de tous les États (2).

(1) Heffter, *op. cit.*, n° 46, p. 98.
(2) Heffter, *op. cit.*, § 45, pp. 96 et 97.

Cette quatrième exception n'en est pas une, quoiqu'elle soit formulée par plusieurs auteurs et surtout par les auteurs de l'école italienne. En effet, celui qui empêche une puissance de s'ingérer dans les affaires d'une autre puissance, ne commet pas, en agissant ainsi, une intervention, tout aussi bien que celui qui empêche un assassin d'exécuter son noir dessein ne se rend pas par ce fait coupable d'avoir commis un assassinat.

Heffter parle d'*ingérences non justifiées dans les affaires intérieures d'un autre pays :* je n'en connais aucune qui puisse être justifiée ; il ajoute la condition qu'*elle soit de nature à créer un précédent attentatoire à l'indépendance de plusieurs ou de tous les États :* à mon avis, toutes les interventions ont ce caractère. Par conséquent, non seulement je reconnais la légitimité du fait de s'opposer à l'ingérence des autres dans les affaires extérieures d'une ou de plusieurs puissances, mais même je l'admets sans aucune restriction, et je la formule de la manière suivante : toute puissance a le droit d'empêcher l'ingérence étrangère soit dans ses propres affaires, soit dans les affaires des autres puissances (1).

Dans un article publié en 1863, sous le titre : *Le principe de non-intervention et ses applications aux événements actuels,* M. Hautefeuille traite la question de l'intervention d'une façon magistrale, quoiqu'il ait le tort de mêler la Divinité dans sa démonstration, chose dont, à mon avis, il aurait pu se dispenser sans aucun inconvénient. Mais, excellent jurisconsulte, M. Hautefeuille se

(1) Ceci est en accord avec ce que disait sir J. Mackintosch dans le parlement britannique. « Tous les droits qu'une nation peut défendre pour elle-même, elle peut les soutenir par une autre nation, si elle est appelée à intervenir. » (Wheaton, *Élém.*, t. I, p. 90.)

montre un très mauvais juge, parce qu'il ne sait pas éviter les pièges que tend le patriotisme aux auteurs de droit international. Ainsi, après avoir admis que le principe de non-intervention est absolu, et qu'il ne saurait admettre aucune exception (1), il n'hésite pas à soutenir que l'intervention française au Mexique est légitime à tous les points de vue (2). Peut-être cette opinion est-elle inspirée plutôt par l'amour de la dynastie que par celui de la patrie, mais comme je n'ai pas à me prononcer ici sur cette question, je me contente d'attribuer à l'auteur la meilleure intention, tout en faisant remarquer que son opinion est contraire à l'équité et à la doctrine soutenue par lui-même avec une très grande force d'argumentation.

M. H. Strauch, professeur à l'Université de Heidelberg, admet qu'il y a deux cas dans lesquels l'intervention est légitime : 1° *le cas normal*, c'est lorsque plusieurs États souverains résolvent en commun un conflit d'importance internationale, auquel ils n'avaient pas pris part au début ; 2° *le cas exceptionnel*, c'est lorsque les affaires intérieures d'un État constituent un danger pour les autres États. Pour prouver que ces deux cas d'intervention sont légitimes, M. Strauch prétend qu'il existe entre les peuples une société juridique (*Rechtsgenossenschaft*) depuis le dernier siècle et surtout depuis la paix de Westphalie; *le droit d'intervenir collectivement* est, selon l'avis du savant professeur, *immanent* à cette société pour pouvoir faire régner la justice entre ses membres, qui certes n'arriveront pas à ce résultat en faisant la guerre lorsqu'ils se croient lésés. Toute puissance qui entreprend une guerre, dit M. Strauch, veut se faire justice elle-même, elle menace donc de violer la

(1) *Revue contemporaine* du 31 juillet 1863, 2e série, t. XXXIV, p. 214 et 226.

(2) *Ibid.*, p. 198 et 199.

justice et de détruire l'ordre de la société dont elle fait partie (1). »

Cette doctrine quoique fort séduisante, ne m'a nullement convaincu. En effet, lors même qu'on admettrait que la société juridique dont parle M. Strauch existe, il faudrait démontrer que son existence est légitime. Or pour prouver qu'elle est illégitime, il ne suffit pas de faire remarquer que la plupart des États européens n'ont jamais consenti à la formation d'une pareille société, qui, telle qu'elle est organisée aujourd'hui, n'est qu'un véritable abus de force. Du reste je reviendrai plus tard sur l'intervention collective préconisée par MM. Arntz, Rolin-Jaequemyns, Strauch et plusieurs autres auteurs.

Si je mentionne Wheaton, c'est seulement pour dire que sa doctrine sur l'intervention n'a rien de remarquable. « Chaque État, dit le célèbre auteur américain, en sa qua-« lité d'être moral distinct et indépendant de tous les « autres États, peut exercer tous ses droits souverains, « pourvu qu'en les exerçant il ne nuise pas aux droits « semblables des autres États. Parmi ces droits se trouve « celui d'établir, de changer et d'abolir la constitution du « gouvernement de l'État. Aucun État étranger n'a le « droit de s'opposer à l'exercice de ce droit, à moins que « cette intervention ne soit autorisée par quelque conven-« tion spéciale, ou par la nécessité de prévenir des événe-« ments qui compromettraient son indépendance et sa « sécurité. La non-intervention est la règle générale, et « les seules exceptions à cette règle sont fondées sur la « nécessité absolue (2). »

(1) Dr Herman Strauch, *Zur Interventions Lehre*, Heidelberg, 1879, p. 3.

(2) H. Wheaton. *Éléments du droit international* 4e édition, Leipzig 1864, t. I, p. 93, 2e partie, ch. I, § 12.

J'ai déjà examiné la valeur de ces exceptions, il n'est donc nullement besoin d'y revenir.

Je me borne à cet exposé sommaire de la doctrine de quelques-uns des auteurs qui ont traité la matière de l'intervention, quoiqu'il y ait plusieurs auteurs qui auraient dû trouver leur place dans mon aperçu. Il m'était pourtant impossible de faire l'analyse et la critique de tous ces auteurs, sans dépasser le cadre de cette étude et sans m'exposer à des répétitions inévitables. C'est pourquoi je clos ici cet exposé de l'historique de la doctrine, qui a pris des proportions plus étendues que je le croyais (1).

(1) Voir sur l'intervention, outre les ouvrages analysés par nous : Gericke : *De jure interventionis*, Lugduni Batavorum, 1836 ; Wil Hall, *International law*, Oxford, 1880, p. 240 et suiv. ; Heiberg : *Das Princip der Nichtintervention*, Leipzig, 1842 ; T. Mamiani, *Nuovo diritto publico europeo*, Neapoli, 1860, ch. IX et suiv. ; F. de Martens (de Saint-Pétersbourg), *Droit international*, trad. du russe par Léo, Paris, 1883, p. 395 et suiv. ; Rob Phillimore *Commentaries upon international law* : 2e édition, London, 1871, t. I, p. 463 et suiv. ; Tissot, *Principes du droit public, droit international*. Paris, 1872, 2e partie, p. 14 et suiv. ; E. Kant, *Principes métaphysiques du droit*, traduit par J. Tissot, Paris, 1853, p. 255 et 256 (projet de paix perpétuelle, art. 5, et son *commentaire*).

et les Romains intervenant un peu partout. Quant aux Romains, il faut reconnaître qu'ils ont été des maîtres dans l'art d'intervenir et que sous ce rapport ils ont commis les plus grands abus. En réalité l'intervention a été pour les Romains un instrument de conquête et le prélude de leur domination.

Au moyen âge la souveraineté se morcèle et l'idée de nationalité se perd ; aux relations qui existaient antérieurement entre les Etats ou entre les nations, on voit se substituer ces relations multiples et diverses de seigneur à seigneur, qui n'ont d'autre loi que la force brutale. Il serait donc peu intéressant d'examiner les cas d'intervention que le moyen âge pourrait nous fournir.

Au XVIIe siècle l'intervention apparaît sous une forme nouvelle ; la France, justement alarmée de la prépondérance de la maison d'Autriche, se fait l'alliée des princes protestants d'Allemagne, qui luttaient contre l'empereur. — A proprement parler, ce n'est pas là une intervention, dans le sens que j'ai attribué à ce mot, puisque l'Allemagne ne formait pas une nation ; c'est plutôt une violation de la neutralité, ou, si l'on veut, un secours donné à une puissance pour se défendre contre son ennemi.

Mais Louis XIV se rendit coupable d'une véritable intervention dans les affaires anglaises, en protégeant les Stuarts, que le peuple anglais voulait détrôner. Cette violation du droit international produisit un résultat tout à fait opposé à celui qu'attendait le roi de France. Louis XIV voulait avoir l'Angleterre pour alliée, et grâce à sa politique tout aussi injuste qu'imprudente, il fit de ce pays un ennemi dangereux, avec lequel il dut compter dans la suite.

Dans la seconde moitié du XVIIIe siècle, nous trouvons la plus inique de toutes les interventions que l'histoire ait enregistrées : je veux parler de celle commise par l'Autriche, la Prusse et la Russie au détriment de la Pologne et qui aboutit au partage de ce malheureux pays.

Je n'ai rien à dire sur cette intervention au point de vue du droit : l'histoire d'accord avec le droit international a définitivement prononcé son arrêt contre ce fait odieux, qui restera une tache éternelle sur la mémoire de ses auteurs. Mais, même au point de vue de l'utilité, dussé-je passer pour un sophiste entiché d'une idée, je dirai encore que cette intervention n'a profité en rien aux trois puissances du Nord. En effet en quoi l'immixtion dans les affaires intérieures de la Pologne leur a-t-elle servi ? Pour faciliter la conquête de la Pologne ? Mais les trois puissances auraient pu la conquérir même sans recourir à ce détestable moyen, car elles étaient trop puissantes et la Pologne trop faible. Pour couvrir leur action du masque de la légitimité ? Cela pouvait bien tromper les gens simples et satisfaire les encyclopédistes stipendiés par Frédéric II et Catherine II, mais ni les uns ni les autres ne gouvernaient l'Europe, et quant aux diplomates, on ne les prend jamais avec des pareilles ruses grossières. D'ailleurs supposons que la Prusse, l'Autriche et la Russie eussent tout simplement partagé la Pologne sans employer aucun masque, je me demande qui aurait pu s'opposer à ces trois puissances, lorsque la monarchie française était en pleine décadence ? On n'avait donc nullement besoin de ce moyen hypocrite pour arriver au partage de la Pologne ; le profit qu'ont tiré les trois grandes puissances de cet acte, si elles en ont tiré un (1),

(1) Je dis : *si elles en ont tiré un*, parce que je doute que les conquêtes non-assimilables soient un élément de force pour la nation conquérante, et jusqu'à présent il ne semble pas que la Pologne se soit assimilée à ses oppresseurs.

ne provient aucunement de leur immixtion dans les affaires intérieures de la Pologne, mais du partage lui-même.

Avec la Révolution de 1789, l'intervention est entrée dans une phase aiguë, qui a duré à peu près un demi-siècle.

Dès le mois de mai 1791, une conférence eut lieu à Mantoue, à laquelle prirent part les délégués de plusieurs puissances européennes : le comte d'Artois communiqua à la conférence une autorisation de traiter signée par son frère le roi Louis XVI, et chacune des puissances s'engagea à aider le roi de France à ressaisir l'autorité, dont l'Assemblée constituante l'avait dépouillé.

Heureusement l'affaire n'eut pas de suite. Mais le 27 août 1791, l'empereur et le roi de Prusse signèrent la fameuse déclaration de Pilnitz, par laquelle ils déclaraient la situation du roi de France comme étant d'intérêt commun à tous les souverains, et ils s'engageaient à rétablir en France l'ancien régime. Cette déclaration, quoique ne constituant pas une intervention proprement dite, est néanmoins une mesure comminatoire regrettable, qui n'eut d'autre résultat que d'aigrir les esprits en France et de rendre plus difficile la position de Louis XVI.

Quant à l'ultimatum de l'empereur du mois d'avril 1792, on peut le considérer comme une véritable intervention : dans cet ultimatum l'empereur demandait à la France, comme condition du maintien de la paix, le rétablissement des anciens droits de la royauté et la restitution des biens du clergé. Enfin au mois de juillet de la même année, le célèbre manifeste du duc de Brunswick mit le comble à ces violations du droit international. Ce manifeste insensé menaçait la France du pillage et de l'incendie, dans le cas où elle ne rendrait pas immédiatement au roi et à la noblesse leurs anciennes prérogatives. Ce que cet acte a profité au roi et à la noblesse, tout le monde le sait ; il a provoqué l'un après l'autre l'insurrection du 10 août, le pillage des Tuileries, la suspension du roi de ses fonctions, la convocation de le Convention nationale, et il a beaucoup contribué à la fin tragique de Louis XVI. Quant aux monarques qui eurent la mauvaise idée de se se mêler des affaires intérieures de la France, nous ne croyons pas qu'ils aient eu à se féliciter de cette idée. Vingt-trois ans de luttes continuelles la plupart du temps défavorables, des milliers d'hommes tués et des milliards perdus sans aucun profit, et enfin l'ébranlement du principe monarchique partout, voilà ce que les monarques ont recueilli de ces néfastes interventions. Il est vrai qu'ils ont réussi à rétablir les Bourbons sur le trône de France, mais que de luttes et de dépenses pour arriver à ce résultat ! D'ailleurs il ne faut pas oublier que si les alliés ont réussi à rétablir la dynastie bourbonienne sur le trône français, ce n'est plus l'ancienne monarchie avec ses prérogatives qu'ils rétablissaient ; c'était une monarchie nouvelle, que la France, lasse de de guerre, acceptait dans l'espoir de guérir les plaies du passé.

Je ne puis pas quitter cette période sans parler de la déclaration du 19 novembre 1792 par laquelle « la Con-« vention nationale déclare, au nom de la Nation française, « qu'elle accordera fraternité et secours à tous les peuples « qui voudront recouvrer leur Liberté, et charge le pouvoir « exécutif de donner aux généraux les ordres nécessaires « pour porter secours à ces peuples et défendre les citoyens « qui auraient été vexés ou qui pourraient l'être pour la « cause de la Liberté. Le présent décret sera traduit et im-« primé dans toutes les langues (1). »

(1) Proposition de Lépeaux du 19 nov. 1792, *Mon. univ.*, n° 325, p. 137, col. 1.

Faut-il considérer cette déclaration comme une intervention ? Je le crois, parce qu'un pareil acte, lors même qu'il n'est pas suivi d'une intervention armée, est de nature à encourager les révoltes et à provoquer des guerres civiles au sein des nations étrangères. Mais je ne puis pas admettre le jugement de Phillimore, qui dit qu'on ne peut concevoir de violation plus grossière du principe fondamental du droit des gens que cette déclaration barbare et sans précédent (1). Il ne faut pas oublier que la déclaration du 19 novembre 1792 est postérieure au manifeste du duc de Brunswick et à tous les actes d'intervention dont j'ai parlé précédemment ; la Convention ne faisait donc qu'user de représailles envers ceux qui l'avaient indument provoquée. Par conséquent l'indignation de Phillimore est un peu déplacée, et il aurait mieux fait de la porter sur le manifeste provoquant du duc de Brunswick. Cet acte est, lui aussi, sans précédent dans l'histoire, et il faut reconnaître que, autant les paroles du décret de la Convention sont nobles et généreuses, autant les menaces du manifeste sont barbares et insensées. La Convention parle de fraternité, de secours et de liberté, le duc de Brunswick trouve bon de menacer un peuple de pillage et d'incendie ! Si j'ai eu le courage de confondre ces deux actes sous un même nom, je ne commettrai jamais le crime de les mettre sur la même ligne !

Je dirai la même chose de la *Déclaration du droit des gens*, proposée dans la séance du 4 floréal an III (23 avril 1795), par le député Grégoire. L'article 6 de cette déclaration posait le principe de non-intervention : « Un peuple n'a « pas le droit de s'immiscer dans le gouvernement des

(2) Phillimore, *International law*, 2e éd., Londres, 1881, vol. I, pp. 469 et 470.

« autres » ; mais les articles 7 et 8 détruisaient le principe posé dans l'article précédent.

« Article 7. — Il n'y a de gouvernement conforme aux « droits des peuples que ceux qui sont fondés sur l'égalité « et la liberté.

« Article 8. — Les entreprises contre la liberté d'un « peuple sont un attentat contre tous les autres (1).»

Sans doute, au point de vue du droit international, les articles 7 et 8 sont absolument inadmissibles, car ils font d'un peuple le juge, ou plutôt le censeur des affaires intérieures d'un autre peuple ; mais encore une fois, toutes ces aberrations, qui avaient au moins le mérite d'être généreuses, ne sont que la réponse de la nation française aux provocations imprudentes de l'étranger. Par conséquent tout en condamnant ces violations du principe de non-intervention, je crois qu'on doit les déclarer au moins excusables.

Après la chute de Napoléon et le triomphe des alliés, l'intervention est érigée en une véritable institution de droit international. Le 20 novembre 1815, l'Autriche, la Grande-Bretagne, la Prusse et la Russie, conclurent un traité qui, renouvelant le traité de Chaumont, resserrait les liens qui existaient entre les quatre puissances alliées. Le véritable but de ce traité était de protéger la monarchie absolue contre les idées révolutionnaires propagées par la France. Les quatre souverains s'engageaient à s'aider réciproquement et à intervenir en faveur des autres souverains qui auraient besoin de leur secours pour combattre les mouvements révolutionnaires. Pour mieux arriver à ce résultat les puissances alliées devaient se réunir de temps en temps en congrès, afin de concerter en commun les mesures à prendre.

(1) *Moniteur universel*, an III, n° 217, p. 884, col. 2.

L'histoire a stigmatisé comme il le méritait ce traité monstrueux, qui en définitive n'était qu'une société d'assurance mutuelle de la tyrannie contre la liberté. Il était naturel que la Révolution française produisît cet effet : les grands monarques de l'Europe qui peu de temps auparavant (pendant la guerre de Sept ans) luttaient entre eux, maintenant se rapprochaient les uns des autres et s'unissaient étroitement pour combattre les mouvements révolutionnaires, ce ennemi commun, qui menaçait de ruiner leurs trônes. Le traité du 20 novembre 1815 indiquait à chacun sa place : d'un côté les *monarques* absolus réunis par l'intérêt commun de leur conservation, d'autre part les peuples liés par des aspirations communes d'émancipation et de liberté.

Le premier congrès eut lieu à Aix-la-Chapelle en 1818 ; la France après avoir obtenu l'évacuation de son territoire, entra dans l'alliance des quatre puissances et c'est ainsi que fut constituée la pentarchie européenne, ce haut tribunal devant lequel les souverains avaient toujours raison et les peuples toujours tort.

Pour donner aux interventions un certain caractère de légitimité au point de vue du droit international, Metternich avait eu soin de conclure déjà au mois de juin 1815 avec deux princes d'Italie un traité par lequel ces princes s'engageaient à ne pas changer les constitutions de leurs États.

Deux ans après la révolution éclata en Espagne et de là elle se propagea dans le Portugal et à Naples. Sur l'invitation du prince de Metternich, l'empereur François, le czar Alexandre, le roi Frédéric-Guillaume III, lord Stewart le représentant de l'Angleterre et M. de la Ferronays, représentant de la France, se réunirent en congrès à Troppau, au mois de septembre de l'année 1820, et posèrent les principes suivants, dont la rédaction appartient au prince de Metternich (1):

« Les alliés conviennent entre eux (2) :

« 1° Que le but de leur action tant morale que *matérielle* « ne se borne pas seulement à rendre au pouvoir légitime « la liberté de pensée et d'action, mais tend aussi à mettre « ce pouvoir à même de se consolider de manière à offrir « au royaume et à l'Europe des gages de repos et de stabi- « lité.

« 2° Ils reconnaissent qu'à cet effet le pouvoir devra « consulter, pour sa reconstruction, les véritables besoins « et les intérêts de son pays.

« 3° Ce que dans sa sagesse le roi regardera ainsi comme « satisfaisant aux intérêts du royaume, et par conséquent « aux vœux de la partie saine (?) de la nation, sera consi- « déré comme la base légale de l'ordre des choses à éta- « blir dans le royaume de Naples (3). »

Ces principes, qu'on posait par rapport au royaume de Naples, devaient s'appliquer à tous les autres pays.

« Les puissances, disait la dépêche circulaire du 2 dé- « cembre 1820, des cours d'Autriche, de Russie et de Prusse, « les puissances exercent un droit incontestable en se dé- « cidant à prendre en commun des mesures de précaution « contre les États dans lesquels un bouleversement poli- « tique né de l'insurrection, même à ne le considérer qu'à « titre d'exemple, devait fatalement entraîner une attitude

(1) Selon M. de Viel-Castel (t. IX, p. 177). C'est sur la proposition de la France que ce congrès eut lieu.

(2) *Alliés* contre qui ? puisque la France, que les alliés avaient combattue pendant plus de vingt ans, était entrée dans l'alliance. Evidemment contre *les peuples*.

(3) Metternich, *Mémoires*, Paris, 1881, t. III, n° 482, p. 417.

« hostile à l'égard de toutes les constitutions et de tous les « gouvernements réguliers (1). »

Le congrès fut transféré de Troppau à Laybach, où il siégea du 4 janvier au 28 février 1821. Le roi de Naples fut invité par le congrès de Troppau à se rendre *en personne* à Laybach, et la dépêche que je viens de citer dit que : « L'unique but de cette démarche était d'affranchir la « volonté de Sa Majesté de toute contrainte extérieure et de « mettre le roi dans la situation d'un médiateur entre ses « peuples égarés et les États dont le repos était menacé « par eux (2). »

Le roi de Naples, qui avait promis d'aller défendre à Laybach la constitution qu'il avait jurée et les droits de son peuple, oublia, dès qu'il fut à Laybach, les promesses qu'il avait faites et accepta le secours offert par les puissances alliées (3).

(1) *Ibid*, n° 484, p. 418 et 419 (voir à la page 101, note 1re), une autre dépêche dans le même sens.

(2) Metternich, *Mémoires*, III, 484; p. 420. Je ne me rappelle pas avoir jamais lu une phrase plus hypocrite que celle que je viens de citer! Le chevalier de Gentz avoue que « la démarche des souverains « est utile, peut-être même nécessaire, pour l'opinion publique. « Nous ne pouvons pas nous cacher que cette opinion, loin de fa- « voriser notre cause, est un ennemi formidable de plus que nous « avons à combattre. » (Chevalier de Gentz, *Dépêches inédites*, « t. II, p. 96.)

(3) Il paraît que le roi Ferdinand IV lui-même subit une contrainte morale de la part des alliés, pour consentir à cette intervention contre son peuple : c'est ce qui résulte de la lettre qu'il écrit le 28 janvier 1821, au prince régnant son fils et que je crois bon de reproduire ici à cause de son importance. « Dès mes premières « entrevues avec les souverains et à la suite des communications « qui me furent faites des délibérations qui avaient eu lieu entre les « cabinets réunis à Troppau, il ne m'est plus resté aucun doute sur « la manière dont les souverains jugeaient les événements arrivés « à Naples, depuis le 2 juillet jusqu'à ce jour. Je les ai trouvés « *irrévocablement déterminés* à ne pas admettre l'état de choses « qui est résulté de ces événements ou qui pourrait en résulter, à

La convention du 2 février 1821 mit à la disposition du roi Ferdinand quatre-vingt mille hommes, qui devaient occuper son royaume pendant trois années. Dans la proclamation adressée au peuple napolitain le 27 février de la même année, le général de Frimont disait au nom des alliés, que ceux-ci quoique ayant des obligations à remplir envers leurs propres sujets, « mais ils ont aussi à cœur votre bon« heur réel et durable, et ce bonheur, vous ne le trouverez « jamais dans l'oubli du devoir et dans la révolte. » Le général invitait ensuite les Napolitains à se désister de leur constitution : « Repoussez donc, de votre plein gré, une

« les regarder comme incompatibles avec la tranquillité du royaume « ainsi qu'avec la sûreté des États voisins, et à les combattre par « la *force des armes*, dans le cas où la force de la persuasion n'en « produirait pas la cessation immédiate. *Il est au-dessus de tout « pouvoir humain d'obtenir un autre résultat.* » (W.-B. Lawrence, *Commenaire sur Wheaton*, t. III, p. 232 et 233.) Au contraire, s'il fallait croire M. de Viel-Castel (t. IX, p. 409), Ferdinand exprima une grande joie de se sentir hors de l'atteinte révolutionnaire. Le chevalier de Gentz dit aussi que « dans ses premières « entrevues avec les empereurs le roi Ferdinand a voulu d'abord « avoir recours à son remède universel d'une protestation générale, « expédier tout uniment un ordre à Naples pour qu'on se soumette « à sa volonté et faire marcher l'armée autrichienne. » (*Dépêches inédites du chevalier de Gentz aux hospodars de Valachie*, Paris, 1877, t II, p 123.) Je n'ai nullement l'intention de défendre le roi de Naples, mais il me semble que Gentz est injuste envers lui, et qu'il veut défendre par ces lignes la conduite incorrecte des alliés, qui voulaient intervenir même malgré la volonté du monarque napolitain. Je trouve la preuve de cette affirmation dans Metternich lui-même : « *Le roi* (Ferdinand IV) *a eu assez de « peine à se soumettre à nos vues*, mais il a fini par le faire, et « même par sentir qu'avec un système d'organisation digne de ce « nom, il trouverait plus de chances de paix et de repos qu'avec le « retour au franc arbitraire duquel on n'avait déjà que trop éprouvé « le danger, et à Naples et en Sicile. » (Metternich, *Mémoires*, III, n° 547, p. 487, sous le titre : *Organisation future du royaume de Naples*.)

« œuvre qui n'est pas la vôtre, et ayez confiance en votre « roi (1). »

Assurément il est impossible de ne pas sourire en présence de cette proclamation que Metternich déclarait bonne, simple et sans phrase. On parle de *plein gré* et l'on envoie une armée formidable ! Les alliés invitent les Napolitains à repousser une œuvre qui n'est pas la leur, et ils trouvent qu'il est besoin d'envoyer 80,000 hommes pour arriver à ce résultat ! N'est-il pas bien étrange qu'il faille employer un si puissant moyen pour combattre un ennemi si faible, tel qu'une constitution sans racines dans le pays ? Qui au monde pourrait être assez naïf pour se prendre dans une ruse si grossière ? C'est donc en vain que les alliés cherchaient à couvrir leurs iniquités du masque de la légitimité, tout le monde savait à quoi s'en tenir, mais malheureusement personne n'avait le pouvoir de résister.

Dans une dépêche circulaire datée de Laybach du 12 mai 1821, les alliés disaient que « les changements utiles « ou nécessaires dans l'administration ou dans la législation « des États, ne doivent émaner que de la volonté libre, de « l'impulsion réfléchie et éclairée de ceux que Dieu a rendus « responsables du pouvoir. Tout ce qui sort de cette ligne « conduit nécessairement au désordre, aux bouleverse- « ments, à des maux bien plus insupportables que ceux que « l'on prétend guérir. Pénétrés de cette vérité éternelle, « les souverains n'ont pas hésité à la proclamer avec fran- « chise et vigueur ; ils ont déclaré qu'en respectant les « droits et l'indépendance de tout pouvoir légitime, ils « regardent comme légalement nulle et désavouée par les « principes qui constituent le droit public de l'Europe,

(1) Metternich, *Mémoires*, t. III, pp. 453 et 454 (note insérée par l'éditeur).

« toute prétendue réforme opérée par la révolte et la force « armée (1). »

La réaction contre cette tendance d'intervenir constamment dans les affaires intérieures des États, commença à se faire sentir d'abord en Angleterre. Déjà depuis longtemps l'opinion publique de ce pays, poussait son gouvernement à sortir d'une alliance qui avait dévié de son but primitif. Au congrès de Troppau le représentant de l'Angleterre ne prit aucune part aux délibérations, et lors du congrès de Laybach, le gouvernement anglais fit les plus formelles réserves au droit que s'étaient arrogé les puissances alliées d'intervenir dans les affaires intérieures des autres États. Lord Castlereagh, le premier ministre de l'Angleterre était l'ami intime de Metternich, dont il subissait l'influence, comme toute la diplomatie de son temps ; mais il était le ministre d'un État constitutionnel, et comme tel il devait tenir compte de la volonté du pays qu'il gouvernait. La fameuse circulaire du 19 janvier 1821, dans laquelle il essaya de poser le principe de non-intervention, est obscure, contradictoire et pleine de vague (2). On voit dans

(1) G.-F. de Martens, *Nouveau recueil de traités*, t. V, p. 644. Déjà à Troppau les alliés avaient déclaré que les États faisant partie de l'alliance européenne qui auront subi dans la forme de leur *régime intérieur* une altération par la révolte, et dont les suites seraient menaçantes pour les autres États, cesseront par là même de faire partie de cette alliance et en resteront exclus jusqu'à ce que leur situation présente des garanties d'ordre et de stabilité. « Les puissances alliées ne se borneront pas à déclarer cette exclu- « sion, mais, fidèles aux principes qu'elles ont proclamés et au res- « pect dû à l'autorité de tout gouvernement légitime......., elles « emploieront pour les ramener au sein de l'alliance, premièrement « les démarches amicales, en second lieu une force coërcitive, et « l'emploi de cette force devenait indispensable. » (*Histoire de la Restauration*, par L. de Viel-Castel, t. IX, p. 229.)

(2) Martens : *Nouveau recueil de traités*, t. V, p. 592 ; H. Wheaton, *Histoire des progrès du droit des gens*, 4e édition, Leipzig 1865, t. II, p. 200.

cette dépêche, que le ministre anglais n'est pas à son aise: tiraillé entre ses sentiments personnels, qui étaient contraires aux idées libérales, et entre ses devoirs de ministre constitutionnel, il ne pouvait faire rien de sérieux en faveur du principe qu'il faisait semblant de vouloir défendre. Il commence par poser le principe que l'intervention ne peut être admise que comme exception et dans des circonstances spéciales, mais il finit par dire qu'il est impossible, sans courir les plus grands dangers, de définir les exceptions dont il vient d'être parlé et de les admettre dans la diplomatie ordinaire ou dans un système de droit des gens. Dans une communication confidentielle sur les affaires d'Espagne faite aux cours alliées, et que M. H. Lawrence attribué à Canning, le cabinet anglais est plus clair. Il déclare qu'il se refuse à lui-même et qu'il ne reconnaît pas aux autres puissances le droit de requérir d'un État indépendant un changement dans sa constitution intérieure avec menace d'une attaque hostile en cas de refus. Le gouvernement britannique faisait remarquer avec raison, que l'alliance primitive entre l'Angleterre et les autres grandes puissances de l'Europe avait pour but de libérer le continent de la domination militaire de la France et non le gouvernement de l'univers ou une surveillance sur les affaires intérieures des autres États. A la fin du dernier siècle et au commencement du XIXe, toute l'Europe s'était alliée contre la France, non pas à raison de changements intérieurs que celle-ci avait jugés nécessaires à la réforme de ses institutions politiques et civiles, mais parce qu'elle essayait de propager par les armes d'abord ses principes et ensuite sa domination (1).

(1) H. Wheaton, *Histoire des progrès du droit des gens*, t. II, p. 202, § 24.
M. W. Lawrence dans ses *Commentaires sur Wheaton*, t. II,

L'auteur de cette communication (Castlereagh ou Canning) a raison s'il entend parler de son pays ; il est absolument exact, que lorsque la Grande-Bretagne a pris les armes, elle n'a eu d'autre but que d'empêcher la propagande par les armes des principes et de la domination française. Mais l'auteur de cette note a tort de dire que les autres puissances ont pris les armes pour un motif identique, car, comme je l'ai montré précédemment, les autres puissances alliées étaient intervenues dans les affaires intérieures de le France avant que l'Angleterre fût entrée dans leur alliance et avant que la France leur eût donné un motif légitime d'intervenir dans ses affaires intérieures (1).

Par conséquent la communication confidentielle du gouvernement britannique explique bien la situation de l'Angleterre vis-à-vis de ses alliés de la veille, situation absolument correcte, mais elle ne pouvait avoir aucune espèce de valeur pour les autres puissances, qui avaient fait temporairement cause commune avec l'Angleterre, mais dont le but était tout à fait différent. Du reste Metternich connaissait parfaitement les sentiments du lord Castlereagh, et il savait que ce ne sera pas lui qui le gênerait dans sa politique. « C'est un grand malheur, « s'écrie-t-il, en apprenant le suicide du lord Castlereagh. « *La perte de cet homme est irréparable surtout pour moi* (2). » Trois jours plus tard Metternich revient sur cet événement,

p. 288, en note, croit que cette communication est du mois de mai 1820 et non pas 1823 comme le prétend Wheaton et qu'elle a pour auteur Canning, qui avait à cette époque un siège dans le cabinet présidé par le lord Castlereagh, auquel il succéda le 12 août 1822.

(1) Ceci s'applique du reste assez aisément : l'Angleterre étant un pays constitutionel avait vu d'un œil favorable les débuts de la Révolution française, tandis que ses alliés, gouvernements absolus, ne pouvaient que redouter ce mouvement libéral, qui menaçait, au moins à titre d'exemple, la sûreté de leurs trônes.

(2) Metternich, *op. cit.*, III, 600, p. 556 (20 août 1822).

et sa confidence est vraiment intéressante : « La catastrophe « est une des plus terribles qui aient pu me frapper. *Il « m'était dévoué de cœur et d'âme*, non seulement par atta- « chement personnel, mais encore par conviction....... Je « l'avais attendu ici (à Vérone) *comme un autre moi-même;* « mon travail aurait diminué de moitié, parce que je l'au- « rais partagé avec lui (1). » Le chancelier d'Autriche ne frisait donc pas grand cas des protestations anglaises ; d'ailleurs il savait bien que l'Angleterre était impuissante tant que les autres alliés étaient d'accord.

Les révolutions et les interventions se succédaient continuellement et avec une grande rapidité : à peine la révolution de Naples était-elle étouffée, qu'une autre révolution éclatait à Turin. L'Autriche n'eut pas plus de difficulté à triompher du mouvement insurrectionel piémontais qu'elle en avait eu à replacer les Napolitains sous l'absolutisme de Ferdinand IV. Dans une lettre confidentielle adressée au comte de Rechberg, ministre des affaires étrangères à Munich, le prince de Metternich exposait très nettement la mission que l'Autriche se croyait chargée de remplir en Italie et le programme qu'elle entendait y appliquer. « L'ordre poli- « tique institué en 1815, disait-il, sous la garantie de toutes « les puissances européennes, a *fait de l'Autriche la gar- « dienne et la protectrice naturelle de l'ordre public en Italie.* « L'empereur est fermement résolu à accomplir cette « haute mission, à empêcher la perturbation de s'étendre à « ses États, ainsi que ceux de ses plus proches voisins, à ne « tolérer aucun empiètement violent sur les droits et sur « l'autorité des souverains d'Italie tels qu'ils ont été défi- « nis par des traités, enfin à recourir aux mesures les

(1) *Ibid.*, 602, p. 557 (23 août 1822).

« plus énergiques, si les moyens légaux et administratifs « ne suffisaient pas au rétablissement de l'ordre (1).

Metternich appliqua à la lettre ce programme ; dans une dépêche du 29 avril 1822, rapportée par Bianchi, il dit : « Sa « Majesté l'Empereur a daigné conférer à ses deux généraux « en Italie l'honorable mandat de *maintenir la tranquillité* « *intérieure de toute la Péninsule*. Ils ont été autorisés non « seulement à prêter secours d'armes aux gouvernements « qui se trouveront dans la nécessité de le demander, mais « même de prendre spontanément (*per determinatione* « *propria*), toutes les précautions militaires qu'ils jugeront « nécessaires à cet effet (2). »

Mais laissons ces interventions en Italie sur lesquelles nous reviendrons du reste plus tard, et nous venons à l'intervention en Espagne ; c'est peut-être le cas le plus remarquable d'immixtion dans les affaires intérieures d'une nation, ce qui nous porte à y insister un peu plus longuement.

En 1820, à la suite d'un soulèvement, Ferdinand VII, roi d'Espagne avait octroyé à son peuple la constitution espagnole de 1812 ; mais le roi n'était pas sincère et dès qu'il trouva le moment favorable, il oublia son serment de fidélité à la constitution. Ce fait produisit un mécontement général, et le pays eut bientôt raison de la mauvaise foi de son roi, qui fut abandonné par l'armée et par la majorité de son peuple.

Le soulèvement de 1820 avait été suivi de mouvements identiques en Italie, dont j'ai déjà parlé, et qui avaient réussi également. Un congrès fut donc jugé nécessaire par

(1) Metternich, *op. cit.*, III, 478, p. 408 : dépêche du 20 juillet 1820.

(2) Nicomede Bianchi, *Storia della diplomazia europea in Italia*, Torino, 1865, t. I, p. 72.

les puissances alliées et il eut lieu à Vérone au mois d'octobre 1822. Lorsque les souverains d'Autriche, de Prusse et de Russie et les représentants de la France et de l'Angleterre se réunirent en congrès à Vérone, la réaction avait déjà triomphé à Naples et à Turin, grâce à l'intervention autrichienne. La haute assemblée n'avait donc à s'occuper que des affaires espagnoles, mais cette question présentait beaucoup de difficultés, car il s'agissait d'intervenir dans les affaires intérieures d'un grand pays, qui avait su déjà montrer une vive résistance à l'intervention de Napoléon Ier. D'autre part, pour intervenir en Espagne, il fallait que l'armée des alliés traversât la France ; or les Français qui avaient tant souffert de l'occupation étrangère, et fait tous les sacrifices pour s'en débarrasser, n'auraient pas été bien contents de voir encore une fois l'armée étrangère sur leur sol.

Néanmoins les souverains alliés ne pouvaient souffrir plus longtemps une révolution qui leur avait créé tant de difficultés, et dans laquelle ils croyaient voir la cause de tous les soulèvements d'Italie. « Je ne quitterai pas Vé- « rone, disait l'empereur Alexandre, sans avoir ter- « miné cette affaire... Je vieillirai plutôt ici ! » Et la volonté de l'autocrate russe, qui avait délivré l'Europe du militarisme napoléonien, pesait grandement dans les aréopages européens. Le congrès adopta donc le 19 novembre la résolution suivante.

« Article 1er. — Les trois cas dans lesquels *les engage-* « *ments éventuels* entre les quatre puissances signataires « du présent procès-verbal deviendront immédiatement « obligatoires, sont :

« 1° Celui d'une attaque armée de la part de l'Espagne « contre le territoire français, ou d'un acte officiel du gou-

« vernement espagnol provoquant directement à la rébel-
« lion les sujets de l'une ou de l'autre des puissances (1).

« 2° Celui de la déchéance prononcée contre Sa Majesté « le roi d'Espagne, d'un procès intenté à son auguste per« sonne, ou d'un attentat de même nature contre les mem« bres de sa famille.

« 3° Celui d'un acte formel du gouvernement espagnol « portant atteinte aux droits de succession légitime de la « famille royale.

Et l'article 2 était encore plus significatif, parce que les signataires se réservaient le droit d'intervenir même en dehors de ces trois cas, c'est-à-dire toutes les fois que bon leur semblera.

« Article 2. — Attendu qu'indépendamment des cas ci« dessus spécifiés et définis, il peut s'en présenter que l'une « ou l'autre des cours signataires du présent acte regar« derait comme étant de la même valeur, et devant em« porter les mêmes effets que ceux qui se trouvent désignés « à l'article 1er, il est arrêté que tel cas non spécifié, ou « tout autre cas analogue venant à se réaliser ; les minis« tres des hautes Cours alliées accrédités près de Sa Ma« jesté très chrétienne se réuniront avec le cabinet de « France pour examiner et déterminer si le cas en ques« tion doit être considéré comme rentrant dans la classe des « *casus fœderis* prévus et définis, et exigeant comme tel « l'application directe des engagements pris par les hautes « puissances (2). » Grâce à l'habileté de Metternich, qui sut exploiter l'inexpérience de Châteaubriand resté seul re-

(1) Ceci est du pur pharisaïsme, car jamais le gouvernement espagnol n'eût pensé à se mêler des affaires des autres pays, il ne demandait qu'à être laissé tranquille chez lui, et il me semble qu'il n'avait pas tort.

(2) Metternich, *op. cit.*, t. III, n° 629, pp. 609 et 610.

présentant français après le départ du M. de Montmorency, ce fut la France qui se chargea d'intervenir en Espagne, pour y rétablir l'autorité du roi Ferdinand VII. L'Angleterre refusa de s'associer aux résolutions du congrès, et le duc de Wellington, qui la représentait, déclara, au nom de son gouvernement, qu'il ne croyait pas que les événements d'Espagne puissent autoriser l'Europe à intervenir dans les affaires intérieures de ce pays.

Dans une dépêche adressée à sir H. Wellesley, le représentant de la Grande-Bretagne à Vienne, Canning, qui avait succédé à lord Castlereagh dans la conduite des affaires, combat résolument l'intervention des alliés : « L'engagement « spécifique d'intervenir en France dans le cas spécifié de « tentative pour occuper le trône de ce royaume, faite par « ou pour quelque membre de la famille des Bonaparte, est « le seul cas d'exception que je connaisse, et cette excep- « tion même prouve en faveur de la règle, par le soin que « l'on a mis à la stipuler. »

Nous sommes donc bien loin des termes vagues de la dépêche circulaire du lord Castlereagh du 19 janvier 1821 et même de la communication confidentielle dont nous avons parlé précédemment. Malheureusement il faut reconnaître que la logique n'était pas du côté du gouvernement britannique. En effet il fallait de deux choses l'une : ou admettre résolument le principe de non-intervention d'une façon absolue et sans aucune restriction, ou bien donner aux alliés le même droit que s'attribuait l'Angleterre, c'est-à-dire d'intervenir toutes les fois qu'ils jugeront cela dans leur intérêt. Dès que l'Angleterre admettait une exception, elle détruisait la règle et donnait le droit à ses alliés de n'en plus tenir compte ; c'est là le défaut de toute exception qui n'est pas imposée par la raison de conduire à l'arbitraire et aux abus les plus révoltants.

« A mon point de vue, continuait Canning, la règle « d'après nos conventions s'applique entièrement à l'état « de possession territoriale fixé lors de la paix, ou bien à « l'état des affaires entre nation et nation, mais (le seul « cas ci-dessus mentionné excepté) non aux affaires inté- « rieures d'une nation. » C'est justement notre opinion, mais malheureusement la phrase du ministre anglais est embrouillée par des circonstances de fait, ce qui la rend un peu confuse.

Mais poursuivons : « Les alliés n'ont pas le droit, en « se basant sur l'alliance, de nous demander de leur don- « ner notre aide ou notre appui, pour intervenir par la « force dans les affaires intérieures de n'importe quel pays, « dans le but ou sous le prétexte d'imposer silence à cer- « taines théories extravagantes sur la liberté. Mais nous « avons le droit de les requérir, pour arrêter les agres- « sions d'États contre États, et pour maintenir l'équilibre « territorial de l'Europe (1). »

Canning était parfaitement fondé en raison à dire que les alliés n'avaient pas le droit de demander l'aide ou l'appui de l'Angleterre ; mais il a tort de soutenir que le gouvernement anglais avait le droit de requérir les alliés pour arrêter les immixtions dans les affaires intérieures des États. Lorsqu'on est entré dans une voie abusive, — et l'Angleterre y était entrée certainement en souscrivant l'acte du 20 novembre 1815, — on n'a plus le droit de se plaindre de ce qu'on est dépassé dans cette voie.

La Grande-Bretagne avait reconnu la légitimité du tribunal international en s'y associant ; eh bien ! ce tribunal statuait maintenant en majorité, et il se passait de l'opinion et du secours de l'Angleterre. Et les traités ? nous dira-

(2) H. Lawrence, *op. cit.*, IIe partie, ch. I, p. 288 et 289.

t-on. Les traités ? L'Angleterre devait s'attendre à leur violation puisqu'elle s'était associée avec le roi de Prusse, le czar de Russie et l'empereur d'Autriche. Le czar n'avait-il pas dit déjà en 1814, à Vienne : « Vous me parlez tou- « jours de principes : votre droit public n'est rien pour « moi, je ne sais ce que c'est. Quel cas croyez-vous que je « fasse de tous vos parchemins et de vos traités (1)? »

Les protestations de l'Angleterre restèrent donc sans effet, et le congrès de Véronne décida l'intervention en Espagne.

Le chevalier de Gentz, secrétaire du congrès, et confident du prince de Metternich, résume dans une dépêche adressée au prince de Valachie, Grégoire Ghica, les résultats du congrès et la tactique d'insigne mauvaise foi que les alliés se proposaient de suivre vis-à-vis du gouvernement espagnol.

Les quatre puissances donneront à leurs missions l'ordre de quitter Madrid. « Cette démarche, dit Gentz, doit être « considérée domme une déclaration de *guerre morale* ou « *diplomatique* (?), mais non pas matérielle. »

Quant à la France, elle ne rappellera pas d'abord son ministre de Madrid. « Il est cependant à prévoir que la fac- « tion qui tient aujourd'hui le pouvoir dans ce malheureux « pays, irritée par l'attitude que les puissances prennent « envers elle, poussera bientôt les choses à l'extrémité, et « que le ministre de France sera forcé de quitter l'Espagne « à son tour.

« La France, ayant une armée de cinquante mille « hommes sur la frontière des Pyrénées, il serait possible

(1) Lettre de Talleyrand au roi Louis XVIII du 4 octobre 1814. Les représentants de l'Angleterre au congrès de Vienne ne pouvaient pas ignorer le langage tenu par Alexandre Ier et par Hardenberg à Talleyrand, puisque celui-ci n'en faisait aucun secret, voulant détacher l'Angleterre de l'alliance contre la France.

« et même probable, que sa rupture diplomatique amène « bientôt la guerre proprement dite (1). »

Conformément aux résolutions prises par le congrès, les quatre puissances adressèrent au gouvernement espagnol une note par laquelle on lui exprimait, dans les termes les plus forts, l'impossibilité de maintenir des relations diplomatiques avec un *État plongé dans l'abîme du désordre et de l'anarchie.* Le ministre Évariste San-Miguel répondit à la note collective des alliés, au milieu des applaudissements des cortès, que l'Espagne avait le droit de se donner la forme de gouvernement qu'elle voulait, et que personne n'avait le droit de la juger ou de lui en imposer une autre (2).

(1) Chevalier de Gentz, *op. cit.*, t. II, p. 162 et 163. Dépêche du 25 décembre 1822. Pour la tactique peu loyale employée par les alliés dans cette circonstance, voir Ach. de Vaulabelle, *Histoire des deux Restaurations*, Paris, 1874, t. VIII, p. 10, note 1.

(2) La correspondance échangée entre le colonel San-Miguel et les ministres de la Prusse, de l'Autriche et de la Russsie, à l'occasion de leur demande de passe-ports, est très piquante, et ne pèche pas trop par des aménités de part et d'autre. En répondant au ministre de Prusse, qui, en faisant des vœux pour la félicité de l'Espagne, affectait la plus profonde douleur de voir ce pays sur le chemin de sa ruine, et lancé au milieu de toutes les horreurs de la guerre civile et de l'anarchie, M. San-Miguel disait que les vœux du gouvernement espagnol pour la félicité des États prussiens ne sont pas moins ardents que ceux manifestés par S. M. le roi de Prusse pour l'Espagne. A la note de l'envoyé de l'Autriche qui di sait qu'il ne s'abaissera pas jusqu'à réfuter les accusations de calomnie par lesquelles on a voulu dénaturer le sens de la communication qu'il avait faite au gouvernement espagnol, mais que la cour d'Autriche ne croirait pas manifester assez hautement son improbation sur les causes des maux qui oppriment une nation noble et généreuse, le ministre espagnol répondit qu'il est fort indifférent au gouvernement de Sa Majesté catholique d'avoir ou de n'avoir pas de rapports avec la cour de Vienne. Enfin la réponse à la note russe mérite d'être reproduite en son entier : « J'ai reçu la « note très inconvenante de Votre Seigneurie. Je me borne pour « toute réponse à lui déclarer qu'elle a abusé scandaleusement, « peut-être par ignorance, du droit des gens, toujours respectable

Grâce aux engagements pris au congrès par MM. de Montmorency et de Châteaubriand, la France se vit forcée d'intervenir eu Espagne. Le discours du trône du 28 janvier 1823, que j'ai déjà cité, annonce aux Chambres la résolution prise par le roi de faire reconnaître aux Espagnols par la force les bienfaits de la Restauration, ou pour mieux dire de l'absolutisme royal.

Les débats furent assez vifs dans le parlement; je crois qu'il est bon de reproduire quelques passages remarquables des discours qui furent prononcés à cette occasion :

« Tant que l'Espagne ne nous attaque pas, disait le ba-« ron de Barante, votre droit se borne à vous prémunir « contre la contagion de ses principes, à interrompre toute « communication avec elle si vous voulez, mais il ne va « pas jusqu'à lui dicter des lois, puisqu'elle est un État « indépendant. Mais chez ce peuple, il y a désordre, dis-« corde, injustice, oppression. Et qui vous en a rendus les « juges? De bonne foi, est-ce bien à vous qui, pendant « vingt-cinq ans, avez repoussé l'intervention de l'étran-« ger de vouloir soumettre un peuple à la vôtre? »

En concluant, le baron de Barante disait : « ... Si nous ne « pouvons éviter la guerre, au moins ne sera-t-elle pas « fondée sur cette prétention contraire à toute justice « d'intervenir dans les affaires intérieures d'une nation et « de régler son gouvernement, prétexte impie, principe « monstrueux, qui troublerait sans cesse la paix du monde, « et auquel, dans ces derniers temps, l'Europe a dû vingt-« cinq ans de malheurs (1). »

« aux yeux du gouvernement espagnol. D'après les ordres du roi, « je lui envoie ses passe-ports espérant qu'elle sortira de cette ca-« pitale dans le plus court délai possible. Ev. San-Miguel. » (Ach. de Vaulabelle, *Histoire des deux Restaurations*, t. VIII, p. 8 et 9.)

(1) Séance de la Chambre des pairs du 3 février 1823, *Mon. univ.*, n° 45, p. 176.

Et le comte Daru disait dans la même séance : « Enfin la « constitution des cortès fût-elle de nature à tenter tous les « peuples, quel droit aurions-nous à obliger les Espagnols à « y renoncer? A quel titre prétendrions-nous dicter des « lois à une nation indépendante (1)? »

Dans la séance du 14 mars 1823, à l'occasion de la discussion du crédit de cent millions demandés par le gouvernement pour intervenir en Espagne, le maréchal Jourdan disait ces paroles bien précieuses, puisqu'elles venaient d'un brave et loyal soldat : « C'est de nos jours seulement « qu'on a érigé en principe ce droit odieux, qui, favori- « sant l'abus de la force ouvrirait une carrière sans bornes « au génie de la guerre. On convient, il est vrai, quo pour « justifier l'application, il faut que la sûreté de l'État inter- « venant soit menacée ; mais à quel tribunal appartiendra- « t-il de juger si cette condition est remplie (2). »

Mais rien n'est plus touchant et plus profond à la fois que le discours prononcé par Alexandre Delaborde dans la séance de la Chambre des députés du 2 février de la même annee.

Citant les paroles de Louis XIV : « Si je dois faire la « guerre, j'aime mieux la faire à mes ennemis qu'à mes « enfants, » il disait ces paroles prophétiques : « S'il faut « faire la guerre, j'aime mieux la faire à mes ennemis « qu'à un peuple dont je n'ai jamais eu à me plaindre. « J'aime mieux faire la guerre au pouvoir absolu qui me- « nace nos institutions qu'à la nation qui cherche au con- « traire à s'en rapprocher. *J'aime mieux faire la guerre aux « hommes du Nord, qui convoitent l'occupation de nos belles « provinces*, qu'aux habitants de la terre fertile chantée

(1) Même séance, *Mon. univ.*, n° 45, p. 177, col. 1.

(2) Séance de la Chambre des pairs du 14 mars 1823. *Mon. univ.*, n° 80, p. 331, col. 1.

« par Homère et par Fénelon (1). » On dirait qu'Alexandre Delaborde prévoyait déjà, en 1823, ce qui devait arriver un demi-siècle plus tard!

D'autre part, le général Foy et Royer Collard apostrophaient avec violence le gouvernement. « Il m'importe « peu de savoir, s'écriait le premier, si la faction mystique « qui gouverne notre France, qui a sa direction, ses confré- « ries, son organisation complète, si cette faction a, comme « on l'assure, mendié près des souverains réunis à Vérone, « la permission d'attaquer, en commençant par l'Espagne, « les tribunes, les chartes et la raison humaine? ou bien si « ce sont les étrangers qui nous poussent et qui veulent « que nous leur soyons ce que sont pour nous les bandes « de la foi, avec cette différence que nous payons Quesada « et le Trappiste, et que, à coup sûr, les étrangers ne nous « apportent pas de l'argent; ce qui me suffit, c'est qu'une « volonté et des passions qui n'ont rien de français nous « entraînent où nous ne voulons pas aller; c'est qu'à force « de fatiguer, d'irriter les Espagnols, la faction finira par « rendre la guerre inévitable... Et plût à Dieu, s'écriait le « général en terminant, que j'eusse le droit de me com- « plaire dans un avenir plus consolant! Vieux soldat, je « ne peux me défendre de faire des vœux pour l'honneur « de nos armes, alors même que l'emploi de nos armes est « désavoué par le sentiment national. Citoyen, je pleure- « rai sur une guerre de parti, sur une guerre où sont for- « cés de mentir mes anciens compagnons de guerre, et « cette noble et jeune génération, qui, nourrie dans « l'amour de la liberté, était si digne de combattre un jour « les véritables ennemis de la France! Je vote contre le « projet de loi (2). »

(1) Séance de la Chambre des députés du 2 février 1823, *Mon. univ.*, n° 56, p. 224, col. 1.

(2) Vaulabelle, *op. cit.*, t. VIII, p. 41 et 42.

Et Royer-Collard finissait son discours par cette violente sortie contre le gouvernement et le parti qui poussait à la guerre : « Faible et décrié au dedans, il est allé chercher « au dehors l'appui des gouvernements absolus, et c'est « d'eux qu'il emprunte, il s'en glorifie, ce droit d'interve- « nir dont ils ont créé il y a cinquante ans la facile « théorie et la terrible pratique. Comment ces gouverne- « ments protègent les peuples, la Pologne, sanglant ber- « ceau de la Sainte-Alliance, est là pour le dire. L'Italie le « dira un jour (1). »

Tous ces discours furent inutiles ; nous avons dit les raisons par lesquelles le vicomte de Châteaubriand, ministre des affaires étrangères, soutint l'intervention en Espagne et la fit admettre par le parlement. Quant à M. de Villèle, président du conseil des ministres, entraîné malgré lui dans cette voie, il ne dit presque rien et son discours finit par cette phrase, qui est vraiment une phrase et rien de plus : « L'état de paix me paraît cent fois préférable à l'état de « guerre, mais aussi l'état de guerre plutôt que la honte ! « l'état de guerre plutôt que de voir compromis les intérêts « les plus solides de mon pays, et certes (2) c'est la posi- « tion dans laquelle nous a placés la révolution espa- « gnole (3). » Les membres de la droite reçurent avec des bravos enthousiastes les paroles du chef du cabinet qui, entrant résolument dans le courant de la majorité, avait préféré se soumettre plutôt que de se démettre (4).

(1) *Mon. univ.*, n° 56, p. 221, *in fine*.

(2) Ce *certes* n'est pas bien certain, et il n'a que la valeur d'une simple affirmation.

(3) Séance de la Chambre des députés du 24 février 1823, *Mon. univ.*, n° 57, p. 231, col. 1.

(4) « Voyez, mon cher, écrivait le 28 novembre 1822 M. de Villèle « à M. de Châteaubriand, à faire tous vos efforts pour éviter un « *pareil malheur*. Dieu veuille, pour mon pays et pour l'Europe,

En réalité le véritable motif de cette intervention, et qui fit triompher M. de Châteaubriand, c'était le lien de parenté qui unissait les rois de France et d'Espagne. Il y avait encore un autre motif, et c'était le principal, quoiqu'on n'osât pas le dire tout haut en France : c'est qu'on voulait que la France entrât dans le concert européen, et pour cela il fallait prouver à l'Europe que non seulement elle était en état de maîtriser la révolution chez elle, mais qu'elle pouvait même contribuer au rétablissement de l'ordre en Europe en étouffant une révolution à l'étranger. La politique de la Restauration, qui était de se rapprocher de la Russie, commençait à se dessiner ; or, pour pouvoir s'allier avec le czar Alexandre, il fallait lui donner préalablement la preuve que l'armée française ne se débandera pas, comme l'insinuait Metternich, dès qu'on lui montrera une bannière tricolore ou qu'elle entendra le chant de la *Marseillaise*. C'est seulement après l'intervention française en Espagne, que le czar Alexandre commencera ses pourparlers avec M. de la Ferronnays, le représentant de la France, pourparlers qui devaient aboutir à une véritable alliance entre la France et la Russie. M. de Châteaubriand, qui était entré résolument dans cette voie depuis qu'il était allé au congrès de Vérone, croyait faire un acte de bon patriote et de profond politique en intervenant en Espagne, parce qu'il espérait jouer ainsi un mauvais tour au prince de Metternich, dont il n'était en réalité qu'un instrument inconscient. En finissant son discours longuement préparé, l'auteur des *Martyrs* faisait poindre timidement le véritable motif de cette intervention. « N'oublions jamais, disait-il, que si la

« qu'on ne persiste pas dans une intervention qui, je le déclare à « l'avance avec une entière conviction, compromettra le salut de « la France elle-même. » (Vaulabelle, *op. cit.*, t. VII, p. 460 et 461.)

« guerre avec l'Espagne a, comme toute guerre ses inconvénients et ses périls, elle aura pour *nous* un immense « avantage. Elle nous aura créé une armée, elle nous aura « fait remonter à notre rang militaire. Il manquait peut-« être encore quelque chose à la réconciliation complète des « Français, elle s'achèvera sous la tente : les compagnons « d'armes sont bientôt amis et tous les souvenirs se perdent « dans la pensée d'une commune gloire... — le roi avec une « généreuse confiance, *a remis la garde du drapeau blanc à « des capitaines qui ont fait triompher d'autres couleurs,* ils « lui rapprendront le chemin de la victoire : il n'a jamais « oublié celui de l'honneur (1). »

M. de Chateaubriand est plus clair encore dans le passage suivant de son *Congrès de Vérone* (t. I, p. 100). « Deux « sentiments nous avaient constamment obsédés depuis la « Restauration : l'horreur des traités de Vienne (2), le dé-« sir de donner aux Bourbons une armée capable de dé-« fendre le trône et d'émanciper la France. L'Espagne nous « mettant en danger à la fois par ses principes et par sa « séparation du royaume de Louis XIV, paraissait être le « vrai champ de bataille (*sic*) où nous pouvions, avec des « grands périls, mais avec un grand honneur, restaurer à « la fois notre puissance politique et notre force mili-« taire (3). »

Si maintenant nous passons le détroit de la Manche, nous verrons qu'en Angleterre le pays, les chambres et le gouvernement étaient tous d'accord sans distinction de parti

(1) Séance du 25 février 1823, *Mon. univ.*, n° 57, p. 232, col. I.

(2) On avait horreur du traité de Vienne, et on entrait dans leur vue en s'unissant avec leurs auteurs. Cette politique infâme n'a d'égal que son ineptie.

(3) Il sortirait du cadre de cette étude de discuter ce passage ; je me contente de dire qu'à mon avis il est faux d'un bout à l'autre !

pour admettre que l'intervention en Espagne était un acte absolument injuste. Les débats du parlement anglais, qui s'ouvrit le 4 février 1823, quelque jours après le parlement français, sont pleins d'insultes à l'adresse du gouvernement français ; jamais peut-être parlement n'entendit de plus vigoureuses sorties à l'adresse d'un gouvernement étranger. « L'attaque dirigée contre l'Espagne, disait sir Joseph « Yorke, est l'acte le plus infâme qui ait jamais été « commis ». Le jurisconsulte James Mackintosh faisait remarquer que : affirmer qu'aucune constitution n'était légitime si elle ne découlait de la libre volonté du souverain, c'était déclarer la guerre aux institutions britanniques, c'était calomnier tout à la fois les glorieux citoyens qui avaient élevé sur le trône la dynastie actuelle de l'Angleterre, et cette dynastie même qui était sortie de la révolution. M. Brougham (plus tard lord Brougham) fut d'une violence de langage inouïe : il dit qu'à l'horreur que lui inspirait l'immixtion audacieuse de la France dans les affaires d'Espagne se mêlait un sentiment de mépris pour la honteuse hypocrisie de langage avec laquelle on proclame devant le monde les principes des tyrans. Il se livra ensuite à des sanglantes invectives contre les trois monarques du Nord, contre l'empereur de Russie qui *osait* parler avec tant d'horreur du sang versé dans le palais de Madrid, sans se rappeler qu'il en avait aussi coulé dans d'autres palais, et que, si pur qu'il fût lui-même, il descendait d'une suite d'aïeux qui, avec une uniformité exemplaire, avaient tous détrôné, emprisonné, égorgé leurs enfants et leurs frères (1).

Le 14 avril M. Brougham revient à la charge avec la même violence de langage ; il reprocha à M. Canning de s'être laissé duper par une poignée d'imbéciles qui n'avaient

(1) Chambres des communes, L. de Viel-Castel, *Histoire de la Restauration*, Paris, t. XII, p. 82 et 83.

rien oublié ni rien appris, et par la rhétorique creuse d'un prétendu homme d'État transformé, d'auteur de mauvàis livres et rédacteur de manifestes plus mauvais encore. Jamais, selon lui, dans aucun cabinet ne s'étaient rencontrés des ministres plus perfides, plus menteurs, plus étrangers à toute notion de bonne foi et d'honneur que ceux du roi de France ; mais la France les connaissait et les méprisait non moins que l'Angleterre.

Dans une autre séance, sir Stuart Wortlei disait que le gouvernement français est arrivé à un degré de perversité dont jamais aucun gouvernement sur terre n'a approché et sir Wilberforce s'écriait qu'aucune expression n'était trop forte pour caractériser l'incroyable duplicité du gouvernement français et les principes dont il voulait s'appuyer pour justifier son indigne agression contre l'Espagne (1).

La position du gouvernement anglais était très difficile vis-à-vis du parlement et vis-à-vis du pays ; néanmoins tout en cherchant à modérer la fougue générale, il reconnaissait avec la nation tout entière l'illégitimité de l'intervention en Espagne. M. Canning eut même la franchise de dire dans le parlement que si le gouvernement ne soutenait l'Espagne par les armes, c'est qu'il ne croyait pas pouvoir faire cet acte d'une manière efficace.

Nous avons déjà dit le résultat de l'intervention en Espagne, quant au jugement porté sur elle nous n'avons rien à ajouter à ce qui a été dit par les membres du parlement anglais et du parlement français ; nous nous contentons de reproduire comme conclusion les lignes remarquables que M. Guizot consacre à cette intervention. « En « droit, elle était inique, car elle n'était pas nécessaire. La « révolution espagnole, malgré ses excès, ne faisait courir

(1) Viel-Castel, *Histoire de la Restauration*, t. XII, p. 375 et 376.

« à la France, ni à la restauration aucun danger sérieux. « La révolution de Paris, en février 1848, a causé à l'Eu- « rope de bien plus justes alarmes que la révolution d'Es- « pagne en 1823 ne pouvait causer à la France. Pourtant « l'Europe avait grande raison de respecter envers nous ce « principe tutélaire de l'indépendance des nations auquel « une nécessité absolue et pressante peut seule donner le « droit de porter atteinte (1). »

Je vais examiner maintenant un acte dont l'importance a été moindre que le bruit dont il a été l'objet dans l'Ancien et dans le Nouveau Monde : je veux parler de ce qu'on a appelé la doctrine de Monroë. Nous avons vu précédemment que le principe de non-intervention était complètement méconnu par les grandes puissances ; l'Angleterre, la seule grande puissance européenne qui soutenait ce principe, était impuissante devant l'accord commun de l'Autriche, de la France, de la Prusse et de la Russie. Mais un fait inattendu, un véritable événement, vint changer la situation des choses en donnant à l'Angleterre un allié précieux et une force morale considérable.

L'Espagne possédait plusieurs colonies en Amérique : le Mexique, le Guatemala, la Colombie, le Pérou et le Chili, qui formaient presque la moitié du continent américain. Au commencement de ce siècle, plusieurs de ces colonies, en suivant l'exemple donné par les États-Unis dans le siècle précédent, cherchèrent à recouvrer leur indépendance; la lutte contre la métropole se prolongea pendant plusieurs années, et au congrès de Vérone la Sainte-Alliance fut mise par l'Angleterre en demeure de se prononcer sur le sort de ces pays, que l'Espagne ne pouvait plus maintenir sous sa domination. Il va sans dire que les alliés donnèrent

(1) Guizot, *Mémoires pour servir à l'histoire de mon temps*, Paris, t. I, p. 156.

raison à la métropole contre sa colonie, et on était même disposé à intervenir en Amérique comme on l'avait fait en Europe. La Grande-Bretagne se sépara encore sur ce point des puissances alliées, et elle déclara qu'elle allait entrer en relation avec les autorités de fait de ce pays pour éviter la piraterie qui s'était développée à cause de cet état irrégulier. Le gouvernement anglais alla plus loin et dans une déclaration qu'il fit à M. Rush, ministre des États-Unis à Londres, M. Canning avoua que si l'Angleterre hésitait à reconnaître l'indépendance des colonies américaines, c'est qu'elle craignait d'être entraînée dans une guerre avec l'Espagne et ses alliés. En même temps le chef du cabinet anglais, encouragé par les dispositions des États-Unis, déclara au prince de Polignac, ambassadeur français à Londres, que le gouvernement anglais ne saurait rester indéfiniment dans l'attente d'un arrangement avec la métropole, ni consentir à faire dépendre la reconnaissance des nouveaux États de l'Amérique, de celle de l'Espagne. Il déclara en outre que l'Angleterre considérerait toute intervention étrangère soit par force, soit par menace, comme un motif pour reconnaître ces États sans aucun délai (1).

Le 2 décembre 1823 eut lieu le message du président des États-Unis Monroë, qui eut un immense retentissement en Amérique et en Europe et que beaucoup d'écrivains ont considéré comme constituant la doctrine du principe de non-intervention. Le langage présidentiel est clair et plein de fermeté. « La bonne foi, dit ce message, et les liens « d'amitié qui nous unissent aux puissances alliées nous « font un devoir de éclarer que nous considérerions « comme dangereuse pour notre tranquillité et notre sécu- « rité toute tentative de leur part d'étendre leur système

(1) Wheaton, *Histoire* II, 1, p. 303.

« politique à une partie quelconque de notre hémisphère.
« Le gouvernement des Etats-Unis n'est pas intervenu et « n'interviendra pas dans les affaires des colonies que les « nations européennes possèdent encore en Amérique ; « mais en ce qui concerne les gouvernements qui ont pro- « clamé leur indépendance, qui la soutiennent, et dont « nous avons reconnu l'émancipation après mûre réflexion « et selon les principe de la justice, nous ne pourrions faire « moins que de regarder comme une manifestation hostile à « l'égard des Etats-Unis l'intervention d'un pouvoir euro- « péen quelconque dans le but de les opprimer ou de con- « trarier en aucune manière leurs destinées.

« Notre pratique à l'égard de l'Europe, ajoutait le mes- « sage du président Monroë, dès le commencement même « de guerres qui ont si longtemps agité cette partie du « globe, est toujours restée la même : elle consiste à ne « jamais nous interposer dans les affaires intérieures d'au- « cune puissance de l'ancien monde ; à considérer le gou- « vernement de fait comme un gouvernement légal relati- « vement à nous ; à établir avec ce gouvernement des « relations amicales et à les conserver par une politique « franche, ferme et courageuse, en admettant sans distinc- « tion les justes réclamations de toutes les puissances et « en ne souffrant les injures d'aucune. Mais lorsqu'il s'agit « de notre continent, les choses changent tout à fait de « face, car si les puissances alliées voulaient faire préva- « loir leur système politique dans l'une ou l'autre partie « de l'Amérique, elles ne le pourraient sans qu'il en résultât « un danger imminent pour notre bonheur et notre tran- « quillité ; aucune d'elles d'ailleurs, ne peut croire que nos « frères du Sud l'adopteraient de leur propre gré, si on les « abandonnait à eux-mêmes. Il nous serait également im-

« possible de demeurer spectateurs indifférents de cette « intervention, sous quelque forme qu'elle eût lieu (1). »

Ce message produisit en Angleterre un véritable enthousiasme et M. Brougham n'hésita pas à déclarer qu'à ses yeux la question des colonies espagnoles était résolue par les États-Unis ; et il avait raison, car les puissances européennes n'eurent pas le courage de braver l'alliance anglo-américaine sur le territoire américain.

Sans doute on a exagéré beaucoup l'importance de cet acte, que le gouvernement des État-Unis lui-même renia plus tard en plus d'une occasion, mais il n'en est pas moins vrai qu'il a eu un effet salutaire considérable, et qu'il a mis fin à ces congrès détestables où l'on condamnait toute aspiration de liberté et d'émancipation. Le principe d'intervention posé par la Sainte-Alliance était si faible en droit, qu'il avait suffi d'un coup de pioche des États-Unis pour que l'édifice croulât de toute sa hauteur.

Il est vrai que les puissances alliées continuent encore d'intervenir dans les affaires intérieures des nations ; mais l'âge d'or des interventions était passé et elles deviennent de jour en jour plus rares.

Encouragée par ce qui venait de se passer, l'Angleterre déclara formellement aux alliés qu'elle ne prendrait plus part à aucun congrès qui aurait pour but de régler les affaires intérieures des États indépendants de l'Europe ; cette déclaration jointe à celle des États-Unis refroidit sensiblement l'ardeur des alliés pour l'absolutisme monarchique. L'intervention reste encore un fait habituel, mais elle cesse d'être érigée en principe.

Je ne veux pas entrer dans l'examen approfondi du message du 2 décembre 1823, cela me conduirait trop loin, il

(1) Ch. Calvo. *Droit international*, 3e édit., t. I, p. 249-251, nº 149.

est d'ailleurs facile de voir qu'il ne constitue pas une véritable doctrine. Le nom de *doctrine* donné à l'acte, du président Monroë est impropre, et on a remarqué avec raison qu'il provient de ce que le cabinet de Washington luimême a déclaré plus tard en plusieurs circonstances qu'il ne se croyait nullement obligé par cet acte, qui n'avait à ses yeux qu'une valeur doctrinale. Que les États-Unis ne soient pas liés par le message du président Monroë, cela est de toute évidence, car ce message ne contenait en réalité que l'exposition d'un système politique, que tout pays a le droit de changer quand il juge cela dans son intérêt, mais je crois que le nom de *déclaration Monroë* conviendrait mieux à l'acte présidentiel du 2 décembre 1823 et qu'il éviterait toute méprise à ce sujet. On comprendrait aisément, d'après cette dénomination, qu'il s'agit d'un document historique et non d'une œuvre doctrinale. C'est ce qui nous a fait exposer la doctrine Monrë dans la partie historique de notre étude, au lieu de la traiter dans la partie doctrinale, à laquelle elle se rattachait pas son nom.

Nous passons maintenant à ce qu'on appelle l'intervention anglaise au Portugal.

Beaucoup d'auteurs ont considéré comme constituant une intervention dans les affaires intérieures du Portugal, l'acte du gouvernement britannique, qui envoya en 1826 un corps de troupes à Lisbonne pour assurer le maintien du régime politique qui existait à cette époque au Portugal. Je ne suis pas de cet avis, parce que l'Angleterre ne faisait dans ce cas que s'opposer à l'intervention manifeste du roi d'Espagne qui soutenait l'usurpateur dom Miguel. D'ailleurs l'Angleterre s'était engagée par un traité antérieur à protéger le Portugal contre toute agression ou immixtion *extérieure* qui aurait eu pour but de fausser les institutions du pays, en portant secours à la minorité contre la majorité, et ceci me semble être parfaitement légitime. On a cru trouver une contradiction entre la conduite du gouvernement britannique en 1826 et son attitude en 1823, lors de l'intervention française en Espagne ; mais M. Canning a, selon moi, répondu victorieusement dans le parlement anglais à cette accusation injuste. La France, disait l'illustre chef du parti whig, a donné à l'Angleterre une cause de guerre par l'atteinte portée par celle-ci à l'indépendance de l'Espagne : le gouvernement anglais aurait eu le droit d'intervenir, en se fondant sur une convenance politique, mais il n'y était pas obligé ainsi qu'il l'était à l'égard du Portugal par des stipulations et des traités. Il aurait pu choisir la guerre, s'il l'eût jugé convenable, dans l'affaire d'Espagne ; au contraire, disait M. Canning, son intervention en Portugal était un devoir, à moins qu'il n'eût voulu abandonner les principes de foi politique et d'honneur national (1).

Je suis tout à fait de l'avis de l'ancien chef du cabinet anglais, mais je trouve qu'il avait tort de dire qu'il *intervenait en Portugal ;* ce langage, qui manque de précision, provient sans doute de la confusion qui a régné de tout temps sur la doctrine et sur la signification du mot intervention. Si l'on se rappelle la définition que j'ai donnée à ce mot, dans la première partie de cette étude, on peut facilement voir qu'il n'y a pas ici une intervention dans le sens du droit international, et que le ministre anglais se serait exprimé plus exactement s'il avait dit : intervention *en faveur du* Portugal, au lieu de dire : intervention *en* Portugal, ce qui n'est pas la même chose.

Certains auteurs ont dit que le secours porté par l'Angleterre au gouvernement portugais a eu pour véritable

(1) Wheaton, *Élém. dr. intern.*, t. I, § 8, p. 86 et 87, et. *Hist*, 4e pér. t. II, p. 206 ; Ch. Calvo, *op. cit.*, T. I, n° 163, p. 260.

motif la sympathie qui existait entre les deux gouvernements, et qu'il y a eu en réalité une véritable intervention dans les affaires intérieures du Portugal. Ce qui le prouve, dit-on, c'est que dom Miguel réussit plus tard à triompher de son frère dom Pedro et à se déclarer roi absolu du Portugal. Je ne nie pas que la sympathie de l'Angleterre pour le gouvernement constitutionnel du Portugal n'ait pour beaucoup contribué à l'appui qu'elle lui prêta en 1826; mais cela ne prouve rien, car les États-Unis, eux aussi, ont été poussés par la sympathie que leur inspiraient les gouvernements des nouvelles républiques de l'Amérique du Sud, lorsqu'ils firent la *déclaration Monroë*, et cependant personne ne pourrait soutenir qu'il y aurait eu un acte d'intervention de leur part, même s'ils se seraient opposés par la force à l'intervention des puissances alliées en Amérique. Quant à la circonstance que dom Miguel parvint plus tard à triompher du parti constitutionnel et de la charte octroyée par son frère dom Pedro, il ne faut pas oublier qu'elle provient de la mauvaise foi de dom Miguel, qui abusa du pouvoir que son frère lui-même lui avait confié.

Ce qui prouve bien que la domination absolue de dom Miguel n'était pas l'expression de la volonté nationale, c'est la tyrannie inouïe à laquelle ce roi absolu dut avoir recours pour pouvoir se maintenir sur le trône en intimidant ses adversaires. En une seule année (1829) 1,149 personnes furent exécutées ou assassinées, 40,740 banies, et 28,790 emprisonnées : c'est un chiffre assez respectable, je crois, pour un petit pays comme le Portugal !

Du reste, et en faisant abstraction de tout ceci, il est assez peu probable que dans notre siècle, lorsqu'un souverain veut se dépouiller d'une partie de ses droits en faveur de la liberté, la nation veuille rester encore sous la tyrannie : il peut bien y avoir quelques individus, surtout ceux qui forment l'entourage des trônes, qui poussés par des intérêts personnels voudraient soutenir l'absolutisme monarchique, mais ce ne sont pas assurément ces gens qui représentent la volonté d'une nation.

Enfin, ce qui prouve surabondamment que l'Angleterre n'a eu nullement l'intention d'intervenir dans les affaires intérieures du Portugal, c'est qu'elle ne fit aucune tentative d'intervenir, malgré l'absolutisme et la tyrannie odieuse de don Miguel, dès qu'elle vit que son gouvernement était accepté ou plutôt subi par les Portugais.

Je suis donc de l'opinion de Wheaton, Lawrence et Phillimore, que l'acte de 1826 ne constitue pas une intervention dans le sens du droit international (1).

Après 1826 il y eut une période de tranquillité dans l'Europe occidentale, qui peut-être faisait pressentir la révolution de 1830. Les effets de cette révolution furent considérables en Europe : au point de vue du sujet qui nous occupe, elle donna un nouvel allié au gouvernement anglais, qui avait toujours soutenu le principe de non-intervention. La monarchie de Juillet, issue d'une réaction contre l'état de choses établi par la Sainte-Alliance, devait nécessairement en être l'ennemie et combattre les tendances des puissances alliées : elle posa donc comme programme de ses relations extérieures le principe de non-intervention, qu'elle invoquait d'abord pour elle-même et ensuite pour les autres États. La France sortait ainsi de la pentarchie européenne, d'où était déjà sortie l'Angleterre, et elle devenait un contre-poids aux tendances de trois cours du Nord.

On alla même plus loin : en posant le principe de non-intervention comme règle de sa politique extérieure, la monarchie de Juillet déclara qu'elle entendait que ce même

(1) Wheaton, *loc. cit.* (*Hist. et élém.*) ; Lawrence, *op. cit.*, t. I, p. 394 ; Phillimore, *op. cit.*, vol. I, p. 457.

principe fût observé par les autres puissances, sans quoi la France elle-même se croirait déliée de son engagement de ne pas intervenir. Lors des velléités d'intervention de la Prusse en faveur du roi de Hollande, le comte de Molé, représentant de la France à Berlin, avisa le gouvernement prussien, que l'entrée d'un seul soldat prussien en Belgique, serait le signal de la marche d'une armée française sur Bruxelles. « La guerre est au bout de mes paroles, « disait le comte Molé, sachez-le bien, et mandez-le à « votre cour ». Les alliés déjà déconcertés par les événements de France, le furent encore davantage par cette ferme déclaration ; ils reculèrent donc encore une fois, n'ayant pas le courage de recommencer en 1830 l'expérience qui leur avait si mal réussi en 1793.

Je n'ai pas à parler de soulèvements qui eurent lieu dans toute l'Europe après la Révolution de 1830 : la plupart d'entre eux furent des mouvements nationaux et la part que prirent les gouvernements pour ou contre ces mouvements, ne constitue pas, à mon avis, une intervention dans le sens du droit international.

Il n'en est pas de même de quelques soulèvements dans les États italiens : c'est pourquoi nous croyons qu'il est bon de dire quelques mots à ce sujet.

Au mois de février 1831, plusieurs villes de l'Italie centrale et les duchés de Parme et de Modène se soulevèrent contre leurs gouvernements : toutes ces villes voulant s'unir ensemble envoyèrent des représentants dans une assemblée commune, qui nomma un gouvernement exécutif et proclama le *statut constitutionnel provisoire des provinces-unies italiennes*. L'Autriche, qui paraissait avoir acquis par prescription le droit d'intervenir dans les affaires intérieures des États italiens, intervint promptement, et le 10 mars elle rétablit le duc de Modène et l'archiduchesse de Parme sur leurs trônes. Le gouvernement exécutif des provinces-unies italiennes, qui s'était réfugié de Boulogne à Ancône, fut forcé de capituler après la victoire de l'armée autrichienne à Rimini.

L'Autriche parvint donc sans beaucoup de difficulté à triompher de ces mouvements ; mais l'ordre qu'elle croyait avoir établi ne devait pas durer longtemps. Au commencement de l'année suivante la révolte éclatait de nouveau dans les Légations ; le pape Grégoire XVI fit appel aux Autrichiens, qui s'empressèrent d'intervenir pour la seconde fois en Italie.

Nous avons vu que la France était restée inactive lors de la première intervention autrichienne ; M. Laffitte, le président du conseil à cette époque, faisait tous ses efforts pour vaincre les difficultés intérieures et il ne songeait nullement à s'occuper des affaires d'Italie. Mais en 1832 le gouvernement de la France était entre les mains d'un homme capable et très énergique, qui ne pouvait pas laisser l'Autriche porter des atteintes à la liberté des peuples et au droit public européen. M. Casimir Périer protesta d'abord contre l'intervention autrichienne, puis en voyant que sa protestation restait sans effet, il envoya une escadre française portant un régiment de ligne, qui occupa Ancône. Le pape, qui avait fait appel seulement à l'intervention autrichienne, protesta contre cet acte, et les ambassadeurs étrangers à Paris demandèrent des explications à M. Casimir Périer au nom du droit public européen, qu'ils prétendaient être violé par la France. « Le droit public européen, « s'écria celui-ci avec sa véhémence accoutumée, c'est « moi qui le défends ; croyez-vous qu'il soit facile de main-

« tenir les traités et la paix ? Il faut que l'honneur de la « France soit aussi maintenu (1). »

L'occupation d'Ancône aurait pu amener une guerre avec l'Autriche, mais le prince de Metternich n'eut pas le courage de provoquer la France, et cette occupation se prolongea pendant six années.

Une autre intervention eut lieu en 1834 dans la péninsule ibérique en faveur des gouvernements de dona Maria et dona Isabella. Je n'ai pas à retracer ici l'histoire des événements qui précédèrent cette intervention ; qu'il me suffise de dire que les gouvernements d'Espagne et de Portugal firent appel à l'Angleterre, à laquelle se joignit plus tard la France, pour les aider à se défendre contre don Carlos et dom Miguel, les prétendants aux trônes espagnol et portugais, qui avaient fait cause commune ensemble. La quadruple alliance formée par la France, la Grande-Bretagne, l'Espagne et le Portugal, réussit à consolider le régime constitutionnel dans la péninsule ibérique, et les deux prétendants furent chassés.

Nous sommes ici en présence d'une véritable intervention anglo-française en faveur du régime constitutionnel : c'était la contrepartie de la politique d'intervention introduite par la Sainte-Alliance en faveur de la monarchie absolue.

En 1840, l'Angleterre qui avait toujours défendu le principe de non-intervention, le viola encore une fois d'une manière flagrante par la guerre dite de l'Opium. Le gouvernement anglais faisait des grandes phrases pour justifier cette intervention : il disait qu'il est impossible de supporter, en plein XIXe siècle, qu'un gouvernement privât ses sujets des bienfaits de la civilisation ; qu'une nation nombreuse et

(1) Guizot, dans ses *Mémoires*, t. II, ch. XIII, p. 303, éd. M. Levy, Paris 1859.

riche restât plongée dans l'ignorance et la barbarie, etc. ; mais tout ceci cadrait assez mal avec la conclusion qu'il faut imposer à une nation *même par les armes*, la civilisation occidentale. L'Angleterre triompha de la résistance chinoise, et le traité de Nankin donna raison au gouvernement anglais, qui prenait un si grand soin des sujets du Céleste-Empire, en ouvrant la Chine au commerce européen et à la contrebande anglaise. Quant à l'opium on n'en dit rien dans le traité, mais dans les années suivantes la contrebande fut plus effrontée que jamais, parce que la guerre entreprise par l'Angleterre l'avait encouragée et elle était sûre de rester impunie. « Dès 1843, dit M. Fleury, « la contrebande anglaise faisait parvenir aux Chinois « 40,000 caisses, qu'elle leur vendait plus de 100 millions « de francs (1). »

De 1842 à 1848 nous n'avons à signaler aucun cas d'intervention en Europe ; mais en 1848 il y eut une intervention dans les principautés danubiennes. Par contre-coup de la révolution française de février 1848, un mouvement politique libéral eut lieu en Moldavie et en Valachie au mois de juin de la même année. En Moldavie le prince Michel Sturdza réussit à étouffer la révolution, mais en Valachie elle fut triomphante et le prince Bibesco, après avoir juré une constitution, abdiqua le 25 juin 1848 et passa en Transylvanie. Un gouvernement provisoire sous la présidence du métropolitain fut institué à Bucharest, et le pays était déjà dans une tranquillité complète lorsque la Turquie et la Russie, la souveraine et la protectrice, qui ne se distinguaient ni l'une ni l'autre par un amour effréné pour les constitutions et pour la liberté, se décidèrent à intervenir dans le pays pour y rétablir l'ordre et la tranquillité. La Valachie ne

(1) Fleury, *Histoire d'Angleterre*, t. II, p. 513.

put pas résister aux raisonnements persuasifs de ces deux pays éclairés et elle fut replongée de nouveau sous le joug des boyards et des abus, dont elle avait cru un instant être délivrée en se rangeant sous la bannière tricolore du gouvernement provisoire.

Dans une note circulaire adressée le 19 juillet 1848 aux représentants de la Russie à l'étranger M. de Nesselrode, le chancelier de l'empire russe, donnait comme motifs de cette intervention le droit, l'honneur, l'intérêt politique, « *toutes choses sur lesquelles la Russie ne saurait consentir à* « *transiger* ». Ces mots sont tout aussi sonores qu'ils sont creux de sens et de bonne foi ! On comprend bien que le chancelier russe se donnait bien de la peine pour prouver tous ces points.

Ainsi pour ne parler que de l'un d'entre eux, celui qui est le plus clairement exprimé, M. de Nesselrode disait : « Notre propre sécurité y est d'ailleurs intéressée : elle est « menacée en Bessarabie par les intrigues que l'on y trame, « par l'existence d'un foyer perpétuel d'insurrection, qui « s'établirait aussi à nos portes. »

Je ne discute pas la question de savoir si les Roumains avaient ou non le droit de penser à cette malheureuse province, que la Sainte Russie leur avait ravie en 1812 ; mais je me demande si l'on peut soutenir de bonne foi que la sécurité du grand empire des czars aurait pu être compromise par l'action que les Roumains de Valachie auraient exercée sur leurs frères de Bessarabie. Ce motif est d'autant plus inadmissible, que la Valachie, où la révolution avait triomphé, n'étant pas encore unie à la Moldavie, le gouvernement provisoire de Bucharest ne pouvait pas songer à recouvrer une province ravie à cette dernière, à laquelle elle avait appartenu de tout temps.

« Pas plus qu'à la Turquie elle-même, continuait la note

« russe, il ne saurait nous convenir de voir à la place des « deux principautés un nouvel État qui, livré à l'anarchie « et trop faible pour se soutenir par ses seules forces, tom- « berait tôt ou tard inévitablement sous l'influence et la « domination d'autres puissances, de manière à mettre en « danger nos rapports internationaux (1). »

M. de Nesselrode parle dans ce passage de la création d'un nouvel État, livré à l'anarchie, etc. etc., ce qui constitue de sa part peut-être un manque de bonne foi ! En effet ce ne sont pas les pays qui ont à la tête de leur gouvernement le chef de l'Église nationale, qu'on peut considérer comme des États anarchiques, et le chancelier de l'empire russe savait cette chose plus que toute autre personne, car il s'en faut de beaucoup que la Russie soit un État livré à l'anarchie. Pour ce qui est des convenances de la Russie et des prétendus dangers dans tous ses rapports internationaux, il faut avoir l'esprit juridique de la diplomatie russe pour croire que cela peut donner le droit de s'immiscer dans les affaires intérieures d'une nation et d'y faire la loi ! Il n'y a aucun doute que le droit de la Russie était celui de la force, et que jamais elle n'aurait songé à l'invoquer si le pays dans lequel elle intervenait avait pu lui opposer quelques centaines de mille de baïonnettes.

Au surplus ce serait perdre son temps que de discuter le droit avec la diplomatie russe, j'aime plutôt la franchise asiatique d'Alexandre Ier disant : « Votre droit public n'est rien pour moi, je ne sais ce que c'est, » car elle a au moins le mérite d'appeler tout par son nom, de nommer « un chat, un chat et Rolet un fripon. » Je ne veux donc pas insister sur l'illégitimité de l'intervention russe, parce que cela me semble trop évident, et je passe à l'examen de l'interven-

(1) Ivan Golovine, *L'Europe révolutionnaire*, Paris, 1849. Annexes, p. 356 et 357.

tion turque qui eut lieu peu de temps avant celle dont je viens de parler.

Rien n'est plus ridicule que la déclaration faite à la députation roumaine le 13-25 septembre 1848 par Fuad-effendi, le commissaire de la Sublime-Porte dans les Principautés; nons ne pouvons nous empêcher de reproduire quelques passages de cette singulière déclaration. « Messieurs. Une « révolution inspirée par l'esprit de *communisme* (!), contre « lequel toute l'Europe actuelle lutte et triomphe aujour- « d'hui, a éclaté chez vous. Elle a troublé la paisible sécu- « rité que vous goûtiez au sein des institutions nationales « que la Sublime-Porte vous avait accordées (1).

« Les principes de cette révolution sont tout à fait con- « traires à la nature des institutions des autres provinces « de l'empire ottoman, et portent atteinte aux droits de « suzeraineté de notre auguste monarque, ainsi qu'aux « liens politiques de la Porte avec la Russie, liens que Sa « Hautesse désire conserver dans toute leur intégrité. « Vos législations ne pourront acquérir d'améliorations, « tant qu'elles prendront leur source dans le désordre des « révolutions et dans l'entraînement des passions.

« Il faut donc que l'ordre légal soit rétabli tout d'abord, « et que la moindre trace de votre révolution soit effacée. « Telle est la décision suprême et inébranlable de Sa Hau- « tesse le Sultan, mon maître et le vôtre (2). » Cette déclaration fait mention de droits de souveraineté de la Sublime-Porte sur la Valachie, et elle semble donner ces droits comme légitimation de la décision suprême et inébranlable du Sultan d'intervenir pour effacer la moindre

(1) On appelle institutions nationales les institutions *accordées* par la Sublime-Porte ! C'est comme si l'on disait: poésies populaires slaves *fabriquées* par M. Prosper Mérimée.

(2) Ivan Glovine, *op. cit.*, p. 358 et 359.

trace de la révolution roumaine. Eh bien! ceci est absolument faux, car les traités conclus par la Valachie avec la Sublime-Porte réservaient à la première sa complète autonomie et même le droit de faire la guerre et la paix. On nous dira peut-être que ces droits ont été perdus plus tard au profit de la Turquie ; mais nous répondons que les droits des peuples sont imprescriptibles, et que les abus de force ne peuvent jamais constituer des droits.

C'est ce qui nous fait soutenir, malgré l'opinion unanimement admise par les auteurs, que le renversement du gouvernement provisoire roumain de 1848, constitue de la part de la Turquie une véritable intervention et qu'il est une violation du droit des nations.

L'expédition française au Mexique est un des derniers et des plus importants cas d'intervention; c'est pourquoi je pense qu'il faut insister sur elle un peu plus longuement.

Disons d'abord en quelques mots les événements qui précédèrent cette intervention et qui s'y rattachent.

Après une longue révolution, Juarez était parvenu à triompher en 1860 de ses adversaires politiques ; mais son gouvernement prit plusieurs mesures qui, en froissant les intérêts de l'Espagne, de la France et de la Grande-Bretagne, leur donnaient un juste motif de guerre. Ces trois puissances se concertèrent ensemble, et le 30 octobre 1861 elles signèrent une convention à Londres, par laquelle elles se proposaient d'obtenir par la voie des armes une réparation que le gouvernement américain semblait vouloir refuser par voie pacifique. En présence de cette décision et forcé par les troupes envoyées par les trois puissances alliées, Juarez n'hésita pas longtemps à traiter et déjà au mois de février de l'année suivante il entra en négociations avec les trois puissances, en s'engageant à réparer les dommages soufferts par leurs sujets à la suite d'actes de spoliation commis pendant la révolution mexicaine.

L'Espagne et l'Angleterre se déclarèrent satisfaites de cette solution et elles retirèrent leurs troupes du Mexique au mois d'avril 1862. Quant au gouvernement français, il se décida à rester et à poursuivre tout seul la réalisation de ses vues. Quels étaient les motifs qui poussaient le gouvernement français à se séparer de ses alliés et à persister dans une expédition dont ils s'étaient retirés ? Ces motifs ressortent très clairement de la lettre adreseée le 3 juillet 1862 par l'empereur Napoléon III au général Forey, commandant l'armée française au Mexique. Voilà en résumé son contenu.

La France en intervenant au Mexique se propose :

1° De mettre obstacle à l'absorption de cette partie de l'Amérique par les États-Unis ;

2° D'empêcher que la grande fédération anglo-saxonne ne devienne l'unique intermédiaire et le seul entrepôt pour les denrées et le commerce du continent nord-américain.

3° De rétablir le prestige de la race latine en Amérique ;

4° D'accroître l'influence de la France (!) au moyen de l'établissement au Mexique d'un gouvernement plus sympathique à ses *intérêts* (1).

Dans les instructions adressées à l'amiral Jurieu de Lagravière, commandant de l'escadre française au Mexique, M. Thouvenel, ministre des Affaires étrangères, est encore plus explicite, et on voit que le véritable buf que poursuivait le cabinet des Tuileries, c'était de changer la forme du

(1) Calvo, *op. cit.*, t. I, § 192, p. 296, et Lawrence, *Commentaire sur Wheaton*, p. 358 et 359. Ce résumé n'est pas trop fidèle, voir le texte de cette lettre dans la monographie intitulée : l'*Intervention française au Mexique*, précédée d'une préface de Clément Duvernois, Paris, 1868, p. 167 et suiv.

gouvernement du Mexique. Ces instructions s'expriment de la façon suivante :

« Il pourrait arriver que la présence des forces alliées « sur le territoire du Mexique déterminât la partie saine « de la population, fatiguée d'anarchie (!), avide d'ordre « et de repos, à tenter un effort pour constituer dans le « pays un gouvernement présentant les garanties de force « et de stabilité qui ont manqué à tous ceux qui s'y sont « succédé depuis l'émancipation. Le gouvernement de « l'empereur s'en remet à votre prudence et à votre discer- « nement pour apprécier de concert avec le commissaire de « Sa Majesté, dont les connaissances acquises par son sé- « jour au Mexique vous sont très précieuses, les événe- « ments qui pourront se développer sous vos yeux et pour « déterminer la mesure dans laquelle vous pourrez être « appelé à y prendre part (1). »

L'expédition de Mexique changeait donc le caractère qu'avait voulu lui donner la convention de Londres du 30 octobre 1861, et de simple guerre qu'elle avait été au début, elle se transformait en une véritable intervention. Il est incontestable que la conduite des gouvernements d'Espagne et d'Angleterre dans cette circonstance fut la seule correcte et conforme à la convention de Londres : en effet, par l'article 2 de cette convention, les parties contractantes s'engageaient à n'exercer dans les affaires intérieures du Mexique aucune influence de nature à porter atteinte au droit de la nation mexicaine de choisir et de constituer librement la forme de son gouvernement.

Mais il faut rendre cette justice au gouvernement français qu'il n'a nullement caché son intention d'intervenir dans les affaires intérieures du Mexique avant ou après la convention de Londres.

(1) *Archives diplomatiques*, Paris, 1862, t. I, p. 295.

En effet, voilà ce qu'écrivait le 11 octobre 1861 le ministre des affaires étrangères de France, au comte de Flahaut, ambassadeur français à Londres : « Le gouvernement « de la reine, m'a dit lord Cowley, est prêt à signer avec la « France et l'Espagne une convention à l'effet d'obtenir ré- « paration des torts commis envers les sujets des trois « pays, et d'assurer l'exécution des engagements contrac- « tés par le Mexique vis-à-vis des gouvernements respec- « tifs, pourvu qu'il soit déclaré dans cette convention, que « les forces des trois puissances ne seront employées à au- « cun objet ultérieur quelconque, et surtout qu'elles n'in- « terviendront pas dans le gouvernement intérieur du « Mexique.

« J'ai répondu à l'ambassadeur de l'Angleterre..... Pas « plus que le gouvernement de la reine, celui de l'empereur « ne veut assumer la responsabilité d'une intervention di- « recte dans les affaires intérieures du Mexique, *mais il « pense qu'il est de la prudence des deux cabinets de ne pas « décourager les efforts qui pourraient être tentés par le pays « lui-même, pour sortir de l'état d'anarchie où il est plongé, « en lui faisant connaître qu'il n'a à attendre en aucune cir- « constance aucun appui et aucun secours* (1). »

D'autre part, l'exposé de la situation de l'empire lu à l'ouverture de la session de 1862, fait allusion au but de l'expédition au Mexique : «... Nous n'aurions que de la sa- « tisfaction à exprimer, dit cet exposé, si l'intervention à « laquelle les trois puissances se sont vues contraintes de- « vait produire pour le Mexique lui-même une crise salu- « taire et de nature à favoriser la réorganisation de ce « magnifique pays dans des conditions de force, de pro

(1) Wheaton, *Hist.*, II, chap. I, p. 341. Lawrence, t. II, p. 340 et 341. *Docum. diplom.*, 1862, p 155.

« spérité et d'indépendance qui lui font si complètement « défaut (1). »

Après le séparation de la France et de ses alliées, tout l'intérêt de la question de l'intervention au Mexique se concentre dans les relations diplomatiques entre le gouvernement français et le gouvernement des États-Unis.

Déjà, avant de faire l'expédition au Mexique, les troi puissances alliées s'étaient adressées au gouvernement des Etats-Unis, qui avait, lui aussi, des griefs contre le gouvernement américain, et l'avaient invité à se joindre à l'expédition qu'elles allaient faire au Mexique. Le cabinet de Washington répondit par une note dans laquelle il déclarait que, tout en reconnaissant le droit qu'ont les alliés de demander au Mexique la réparation du préjudice souffert par leurs sujets, il espérait que les gouvernements alliés n'exerceraient dans les affaires intérieures du Mexique aucune influence de nature à porter atteinte au droit du peuple mexicain, de choisir et de constituer librement la forme de son gouvernement. D'autre part, le 27 septembre 1861, lord Russel écrivait à lord Cowley que : « Si une combi- « naison de puissances organisait un gouvernement au « Mexique, les États-Unis se verraient obligés de choisir « des alliés en Europe et de prendre part aux guerres et « aux traités du continent. »

Dès que la France resta seule, et que la guerre se transforma en intervention, le congrès américain exprima tout son mécontentement contre la France.

(1) Exposé de 1862, p. 91. Lawrence, t. II, p. 346. Voir dans le même sens une excellente monographie intitulée : *l'Intervention française au Mexique*, précédée d'une Préface de Clément Duvernais, Paris, 1868, p. 38 : « M. Thouvenel a voulu me dire aussi « quelque chose de la convenance qu'il régnât au Mexique un bon « prince, si les Mexicains voulaient un roi, etc. » (Dépêche de M. Mon, ministre d'Espagne à Paris, à son gouvernement portant la date du 13 novembre 1861.)

Le 27 octobre 1862, il publia un manifeste, dans lequel, après avoir reconnu et loué « la noble et loyale conduite de l'Angleterre et de l'Espagne, » il attaquait avec une « très grande vivacité la France qui faisait à la République « mexicaine une guerre unique et dévastatrice » et il « disait que la guerre faite au Mexique est une guerre « déclarée au continent américain (1). »

A mesure que les États-Unis approchent de la fin de la guerre civile qui les déchire, leur attitude devient de plus en plus hostile et même menaçante pour la France. Le 4 avril 1864, la Chambre des représentants de Washington déclare à l'unanimité que le congrès des États-Unis ne « veut pas, par son silence, laisser les nations du monde « dans l'idée qu'il reste spectateur indifférent des évè- « nements déplorables qui s'accomplissent actuellement « au Mexique. *Il juge donc à propos de déclarer qu'il ne « convient pas au peuple des États-Unis de reconnaître un « gouvernement monarchique élevé sur les ruines d'un gou- « vernement républicain en Amérique, sous les auspices d'une « puissance européenne quelconque* (2). »

Grand fut l'émoi causé en France par cette ferme déclaration ! Il s'ensuivit un échange de notes très acrimonieuses entre les cabinets des Tuileries et de Washington. En tout cas, le gouvernement français sentait bien que sa position en Amérique devenait de plus en plus difficile et il ne cherchait qu'à se retirer avec honneur d'une expédition où il s'était imprudemment engagé.

Le 15 octobre 1865, M. Drouyn de Lhuys, ministre des affaires étrangères de France, écrivait au marquis de Montholon, le représentant français à Washington, qu'il dépendait grandement des États-Unis de faciliter le départ

(1) Note de M. Seward du 30 novembre 1861.
(2) Lawrence, *op. cit.*, t. II, p. 365.

des troupes françaises ; pour cela, il proposait au gouvernement américain de reconnaître l'empereur Maximilien, « ce « qui aurait une influence suffisante sur l'état du pays. » En répondant au marquis de Montholon, M. Seward après avoir refusé la proposition du gouvernement français, ajoutait ces paroles très justes et très significatives : « La « principale raison de notre mécontentement n'est pas la « présence d'une armée française au Mexique. Nous recon- « naissons le droit des nations de se faire la guerre tant « qu'elles ne portent pas atteinte à nos droits et à notre « juste influence. La véritable cause du mécontentement « des États-Unis est qu'en envahissant le Mexique, l'ar- « mée française attaque un gouvernement républicain, » profondément sympathique aux Etats-Unis et choisi par « la nation, pour le remplacer par une *monarchie qui, tant « qu'elle existera, sera regardée comme* une menace pour « nos propres institutions républicaines (1). »

Les relations entre la France et les Etats-Unis allaient toujours empirant, et la note virulente de M. Seward du 16 décembre 1865 à M. Bigelow, le représentant des Etats-Unis à Paris, faisait déjà pressentir une guerre.

M. Drouyn de Lhuys répondit à cette note le 9 janvier 1866 par une dépêche remarquablement rédigée, qu'il finit de la façon suivante : « Le droit de guerre, qui appartient, « ainsi que le déclare M. Seward, à toute action souve- « raine, *implique le droit d'assurer les résultats de la guerre.* « Nous ne sommes pas allés au delà de l'Océan unique- « ment dans l'intention d'attester notre puissance et d'in- « fliger un châtiment au gouvernement mexicain. Nous « avons besoin de garanties contre le retour des violences, « et ces garanties, nous ne pouvions les attendre d'un gou-

(1) *Archives diplomatiques*, 1866, t. I, p. 385.

« vernement dont nous avions constaté dans tant de cir-
« constances la mauvaise foi. Nous les trouvons aujour
« d'hui dans l'établissemont d'un pouvoir régulier qui se
« montre disposé à tenir honnêtement ses engagements (1). »

Le raisonnement de M. Drouyn de Lhuys, pour être fort habile, n'en est pas moins faux. En effet, si ce raisonnement était exact, il aurait fallu prolonger l'occupation du Mexique pour un temps indéfini, comme le prouvèrent les événements ultérieurs ; or, cela aurait rendu illusoire l'indépendance de ce pays, et je ne crois pas que le gouvernement français avait un motif suffisant pour justifier une pareille mesure sévère à l'encontre du peuple mexicain. Il est plus que probable que les relations entre la France et les États-Unis auraient abouti à une rupture entre les deux pays, si la guerre austro-prussienne et la question luxembourgeoise n'eussent décidé le gouvernement français à retirer son armée du Mexique. A la fin de l'année 1866 le gouvernement français annonça au cabinet de Washington son intention de satisfaire les vœux plusieurs fois exprimés par ce cabinet, et au commencement de l'année suivante les troupes françaises quittèrent le Mexique.

Et maintenant, s'il fallait juger cette intervention au Mexique, je dirais qu'elle sera une accusation éternelle contre le gouvernement qui l'a entreprise sans aucun motif légitime. M. Hautefeuille, dans son étude sur le principe de non-intervention, que nous avons déjà citée, croyait justifier son intervention par les lignes suivantes : « Il est facile de
« comprendre quelle puissance la possession du Mexique
« eût ajoutée à celle des États-Unis. Les laisser s'emparer
« de cette riche proie, c'était les mettre en état de réali-

(1) *Ibid.*, 1866, I, 394, et Lawrence, *op. cit.*, t. II, p. 372 et 373.

« ser, et dans un avenir peu éloigné peut-être, leurs plus « gigantesques projets ; c'était rompre à leur profit toute « espèce d'équilibre dans le monde civilisé. Il était de la « plus grande importance de s'opposer à cet envahissement. « Ce fut dans ces circonstances que l'expédition du Mexique « fut commencée par les trois puissances. Son but était « sans doute d'obtenir satisfaction des griefs reprochés à « Juarez, mais il était surtout de mettre fin à la politique « faussement attribuée à Monroë, et de montrer que l'Eu- « rope n'avait pas abdiqué le droit de maintenir dans tout « l'univers et même en Amérique, un juste équilibre entre « les forces des nations (1). »

Je n'insisterai pas sur la contradiction de M. Hautefeuille, qui, après avoir admis que le principe de non-intervention est *absolu*, « comme toutes les prescriptions du « droit international, et ne peut admettre aucune excep- « tion (2) », cherche néanmoins à justifier une intervention des plus qualifiées; mais je ne puis pas m'empêcher de dire combien je m'étonne et je regrette de voir un homme de doctrine pousser la diplomatie dans une voie détestable par des motifs absolument inadmissibles. En effet est-il bien sérieux et bien sincère de la part d'un jurisconsulte du XIXe siècle, d'évoquer des motifs de guerre condamnés par la doctrine déjà du temps de Grotius, de Pufendorf et de Wolff (3) ? On dit que l'expédition du Mexique, commencée par les trois puissances, avait surtout pour but de

(1) Hautefeuille : *Le Princ. de non-interv. et ses applic. aux événements actuels* dans la *Revue contemporaine* du 31 juillet 1863, 2e série, t. XXXIV, p. 200.

(2) Hautefeuille, *ibid.*, page 214.

(3) On m'excusera la violence de mon langage ; ceci provient de ce que je crois que l'expédition du Mexique est un crime et que « les coupables sont ceux qui ont poussé à la faire. » (*Interv. fr, au Mexique.* Introd., p. XV.)

montrer que l'Europe voulait conserver le droit de maintenir l'équilibre dans tout l'univers ; mais il est facile de voir, en lisant les pièces diplomatiques reproduites précédemment, que cette allégation est absolument fausse. Le gouvernement anglais et le gouvernement espagnol ne songeaient nullement, ni l'un ni l'autre, en faisant la guerre au Mexique, à conserver l'équilibre de l'univers ; et ce qui le prouve d'une manière péremptoire c'est que ces deux gouvernements désavouèrent implicitement cette intervention, en se retirant de l'alliance française, dès que le gouvernement mexicain offrit de donner la satisfaction demandée au début de la guerre par les trois puissances alliées.

Disons du reste que l'*équilibre du monde civilisé* n'est en réalité qu'un grand mot, car ce ne sont pas les États-Unis qui l'ont jamais menacé. Il est vrai que la grande république américaine est arrivée en moins d'un siècle de quatre millions à quarante millions d'habitants, mais il s'en faut de beaucoup que ce chiffre soit un danger pour l'Europe, où il y a plusieurs États de la même force numérique. D'autre part il faut remarquer que les États-Unis n'ont jamais songé à porter la guerre sur le continent européen ou à se constituer en puissance militaire et conquérante.

Enfin les événements ultérieurs ont prouvé que M. Hautefeuille se trompait lorsqu'il attribuait aux États-Unis l'intention de s'emparer du Mexique.

Il faut donc reconnaître que rien ne peut justifier cette néfaste intervention, et qu'elle a été tout aussi injuste, que ses conséquences ont été déplorables pour le Mexique, pour la France et pour la malheureuse victime de Queretaro (1).

(1) « Le principe de l'intervention française au Mexique a été une « injustice. Sa fin a été un désastre. » (*L'interv. fr. au Mexique*, p. 101.)

Après l'intervention au Mexique nous devrions nous occuper de l'intervention anglaise en Égypte, et de ce qu'on a appelé la politique coloniale de la France ; mais n'ayant pas les documents diplomatiques nécessaires pour traiter de plus près ces cas d'intervention, nous nous tenons à ce que nous avons déjà dit à ce sujet.

Il me reste à parler de nombreuses interventions dans l'empire ottoman, que j'ai omis à dessein dans mon énumération chronologique, n'ayant pu les ranger à une époque déterminée quelconque.

On a dit que l'histoire de la Turquie dans notre siècle, est l'histoire des interventions qu'elle a subies ; cette idée me semble exagérée au moins au point de vue du droit international. Je ne veux pas soutenir, en disant cela, que la Turquie n'ait eu à subir de véritables interventions, je veux tout simplement faire remarquer que la plupart des actes qu'on a qualifiés de ce nom par rapport à l'État turc, n'ont été que des *secours* matériels ou moraux, donnés aux populations qui subissaient la domination ottomane.

Ainsi je considère comme constituant une violation du principe de non-intervention les faits suivants relatés par M. Ed. Engelhardt dans son ouvrage *le Droit d'intervention et la Turquie* (1).

En 1856 lors de la discussion du quatrième paragraphe des préliminaires du paix, les quatre puissances délibérantes, l'Angleterre surtout, avaient insisté pour que la Turquie supprimât la loi mahométane qui punissait de mort l'apostasie et le blasphème public, en représentant que ce pays devant faire partie du concert européen, « il était « impossible d'acquiescer au maintien d'une pratique qui

(1) Ed. Engelhardt, *Le Droit d'intervention de la Turquie*, Paris, 1880.

« avait le caractère d'*une insulte* à toute nation
« lisée (1). »

En mars 1880, les ambassades ont soumis au diva *pro memoria*, où elles protestaient contre la peine in sante que l'on supposait avoir été prononcée par un trib turc contre un sujet musulman convaincu d'assassinat co un sujet étranger (2).

Enfin M. Engelhardt nous dit que l'ingérence dan affaires intérieures de la Turquie a été poussée à tel p *qu'on a vu des ambassades gourmander le grand vizir a jet des dépenses faites par le Sultan pour le mariage d filles, pour la construction de ses palais et même pou voyages à l'étranger* (3).

La lettre suivante adressée en septembre 1875 par John Russel au journal le *Times*, fait voir très nettem droit de tutelle que la Grande-Bretagne s'est arrogé d longtemps par rapport à la Turquie.

« Alors même que nous avions fait la guerre de Cr
« pour défendre la Turquie, nous savions parfaitemen
« son administration, soit pour les finances, soit po
« choses de la guerre, étaient si défectueuses *qu'elle*

(1) Dépêches de l'ambassade britannique des 4, 18, 26 f 5 mars, 25 avril, 30 mai 1856.

(2) M. Engelhardt dit en note qu'un agent diplomatique eut l'audace, qu'on peut qualifier à juste titre d'insolence, d'écrire sident de la cour martiale ottomane ces lignes : « J'espère qu « Excellence, considérant que cette affaire a trop duré, *voudr « la terminer dans la journée de demain* », sommation à la un membre de la cour, Hobart-Pacha, a répondu en protesta bliquement contre une ingérence inouïe, par laquelle un dipl étranger entendait « dicter ses volontés dans un cas de vi « mort et déterminer les conditions et le délai de la sente « tribunal ».

(3) Dépêches anglaises du 14 mai 1857, 16 août 1859, 1 1863.

rement à la tête de ses affaires, mais dans tous ces cas, je ne saurais admettre l'intervention d'une puissance européenne quelconque, pour régler des affaires qui ne sont aucunement de sa compétence.

Autrement je me demande, une fois sur cette pente, où s'arrêtera-t-on? Les pays qui n'admettent pas la peine de mort, pour ne citer que cet exemple, pourraient dire que c'est une lâcheté et même un scandale intolérable que la sociéte tue de son sang-froid un homme qui ne peut plus ni se défendre ni faire du mal; et quant aux pays qui admettent cette peine, ils pourraient, à leur tour, protester contre la peine trop légère qu'on a infligée à un individu qui a tué un de leurs nationaux dans un pays où la peine de mort n'existe pas.

Mais allons plus loin, je dis que, une fois sur ce terrain glissant, le conflit, et par conséquent le *casus belli* pourra se trouver aisément même lorsqu'il s'agira de deux pays ayant la même législation ; il suffit pour cela qu'on proteste et qu'on considère comme mal rendue la sentence d'un tribunal étranger par rapport à ses nationaux.

On me dira, peut-être, que j'exagère; malheureusement ce ne sont pas mes exagérations qui sont les plus dangereuses pour l'humanité ; la doctrine doit donc se garder de leur laisser le champ libre.

Un auteur de grand mérite, M. G. Rolin-Jaequemyns, a cru justifier les interventions en Turquie par la situation déplorable et exceptionnelle de cet État. A son avis, l'intervention dans les affaires intérieures de la Turquie, dans un intérêt de paix générale et d'humanité, est pour les grandes puissances non seulement une faculté, mais même une obligation ; *elles doivent donc l'exercer dans toute son étendue et avec toutes les ressources dont elles disposent.* « Toute société, dit M. Rolin-Jaequemyns, a besoin d'ordre

« et de justice ; si informe que soit encore la société in-
« ternationale, elle n'échappe pas à cette loi.

« Si cette société était complètement organisée, elle au-
« rait à sa tête une autorité régulièrement constituée, dé-
« libérant et agissant d'une manière permanente, d'après
« certains principes définis. N'étant encore qu'à l'état
« imparfait, elle a à sa tête l'autorité, imparfaite aussi et
« intermittente, des plus puissants de ses membres. Cette
« autorité s'est déjà manifestée plusieurs fois par des con-
« férences, des congrès, des médiations et même des in-
« terventions. Nous ne disons pas qu'elle se soit toujours
« manifestée de la manière la plus sage ou la plus correcte
« Mais il ne faut pas confondre le droit avec son exercice
« plus ou moins raisonnable.

Que la société européenne ait besoin d'ordre et de justice, comme toute autre société, et que les grandes puissances exercent une autorité sur cette société par des conférences, des congrès, etc., cela me semble incontestable, mais je nie absolument deux choses : 1° Que cette autorité soit légitime ; 2° qu'elle remplisse le besoin d'ordre et de justice qu'a la société sur laquelle elle s'exerce.

Je dis qu'elle est illégitime, parce que toute autorité doit avoir sa source dans une délégation de la part de ceux sur lesquels elle s'exerce ; or, jamais les États de l'Europe n'ont donné aux grandes puissances une pareille délégation. Tout le monde sait comment s'est formée l'heptarchie européenne ; aux trois bourreaux de la Pologne sont venues se joindre : l'Angleterre, au temps de la révolution française, la France en 1818 et enfin l'Italie et la Turquie en 1856. Voilà *les plus puissants* de la société européenne, les seuls qui aient voix au chapitre ; ces puissants ont sou-

(1) *Revue du droit international*, 1876, t. VIII, p. 368.

vent fait sentir aux petits peuples le poids de leur autorité; mais, je le répète encore une fois, jamais ceux-ci ne leur ont accordé le droit de se mêler de leurs affaires intérieures. M. Rolin-Jaequemyns dit que « *En général*, on « peut considérer comme une juste limite de l'autorité des « grandes puissances la ligne de démarcation qui sépare « les affaires intérieures des affaires extérieures de l'Etat; » ce n'est pas : *en général*, c'est *toujours* qu'il fallait dire, parce que jamais les grandes puissances n'ont reçu la délégation des peuples de se mêler de leurs affaires intérieures dans telle ou telle circonstance. Jamais peuple européen, à ma connaissance, n'a abdiqué le droit qu'il a de régler *seul* et *toujours* ses affaires intérieures ; l'eût-il fait, cette abdication serait nulle, parce que les droits des peuples sont inaliénables.

Je dis en outre que l'autorité *des plus puissants de l'Europe* est loin de satisfaire le besoin d'ordre et de justice de la société sur laquelle elle s'exerce.

En effet, où était cette autorité imparfaite, dont parle M. Rolin-Jaequemyns, lorsque l'Autriche et la Prusse se ruèrent, comme deux oiseaux de proie, sur le petit Danemark pour lui ravir le Sleswig-Holstein? Que fit-elle en 1871 pour empêcher le démembrement de la France? Et, s'il fallait parler d'une question intérieure, quelle fut son attitude vis-à-vis de la Russie, massacrant les Juifs en 1882, comme dans l'âge d'or du moyen âge? Ce fut cette admirable autorité imparfaite, si je ne me trompe, qui, en 1877, admit à l'*unanimité* des voix, que la Russie avait raison de voler la Bessarabie à son alliée de la veille, et que la Roumanie avait tort de protester contre cette violation de l'équité et de la foi des traités!

Je conteste donc à cette autorité non seulement le droit d'intervenir dans les affaires intérieures des nations, mais même celui de régler les affaires internationales : en un mot, cette autorité est à mes yeux, un fait, elle n'est pas un droit. Une autorité internationale européenne ne sera légitime que lorsqu'elle sera consentie par tous les Etats de l'Europe, et que tous ces Etats auront leur voix dans la résolution des questions internationales: toute autre autorité, si puissante qu'elle soit, qui s'arrogerait le droit de régler les relations internationales, et surtout *les affaires intérieures d'une nation*, n'est qu'une simple autorité de fait, que toute nation a le droit de combattre pour sauver la liberté.

Mais revenons aux interventions en Turquie.

Après avoir posé ces prémisses inacceptables, M. Rolin-Jaequemyns continue en disant: « Le droit international « moderne condamne avec raison l'intervention dans le « gouvernement ou l'administration intérieure d'un État. « Seulement il faut, nous paraît-il, que l'État en question « soit réellement digne de ce nom, c'est-à-dire *qu'il réponde « à la conception rationnelle d'un tout harmonique*, embras- « sant tous les peuples qui forment eux-même territoire, « et qu'il ne soit pas la domination organisée d'une nation « sur une ou plusieurs autres. » A part la phraséologie qui l'enveloppe, j'admettrai bien l'idée exprimée dans ce passage, en la combinant pourtant avec ce que j'ai dit sur la nation de l'*État* dans la première partie de cette étude. Mais je ne saurais admettre l'idée que M. Rolin-Jaequemyns exprime dans le passage suivant : « Il faut aussi « que l'État en question soit capable de vivre, et qu'il ne « soit pas simplemement un cadavre politique en décompo- « sition. Le droit des gens, dit Bluntschli, ne pro- « tège que les États viables. Si dangereuse que soit cette « proposition au point de vue de l'abus sophistique que « l'on pourrait faire, elle est cependant d'une incontestable

« vérité. Les vivants seuls ont des droits » (*Mod. Volker-« recht*, § 51) (1). Ces deux considérations suffisent en droit « pur..... pour refuser à la Turquie l'exception de non-inter-« vention contre l'action des puissances. L'empire ottoman « n'est pas un État dans le sens moderne du mot ; c'est, nous l'avons déjà dit, la superposition historique d'un peuple « musulman sur plusieurs peuples chrétiens. L'empire ot-« toman n'est pas un État viable, tous les événements « survenus depuis quinze mois, nous le montrent en proie « à une véritable dissolution (2) ».

En partant de ces idées, le savant homme d'État belge propose de mettre la Turquie en *curatelle* et en *liquidation*, parce qu'elle se trouve vis-à-vis de l'Europe dans un état de *banqueroute morale et financière*, dont il lui est impossible de se relever par elle-même. Selon lui non seulement, en intervenant collectivement en Turquie, les grandes puissances, ne dépassent pas la limite de leurs droits, mais elles ne feront que s'acquitter d'un devoir impérieux, car elles sont seules à même de sauvegarder les intérêts de paix et d'humanité menacés soit par la chute de l'empire turc, soit par la prolongation de son existence violente dans les conditions présentes (3).

Telles sont en résumé les idées exposées par M. G. Rolin-Jaequemyns dans son article intitulé : *le Droit interntional et la phase actuelle de la question d'Orient.*

J'ai dit dans la première partie de cette étude, qu'à mon avis, toute puissance a le droit de secourir une nationalité qui lutte pour regagner son indépendance, par conséquent

(1) Sans vouloir rien insinuer, j'avoue qu'il m'a été impossible de trouver le passage cité par M. Rolin-Jaequemyns, soit dans l'édition allemande (Nordlingen, 1878), soit dans la traduction française de M. Lardy.

(2) L'auteur écrivait en 1876.

(3) *Revue du droit international*, 1876, t. VIII, p. 368-370.

je suis d'accord avec le savant jurisconsulte belge, sur ce point que les puissances européennes ont le droit de secourir les populations de la Turquie, qui veulent s'affranchir du joug musulman. Mais il m'est impossible d'admettre la mise en curatelle et en liquidation de l'empire ottoman, lors même qu'il serait dans un état de banqueroute morale et financière dont il ne pourrait pas se relever lui-même. En effet, quels seront les syndics de cette liquidation de banqueroute morale ? L'Angleterre ! L'Allemagne !! L'Autriche et la Russie !!! Mais la conscience de ces syndics est-elle bien pure et leurs mains sont-elles assez propres ? D'autre part, il me semble que la distinction entre les États vivants, viables et les États cadavres n'a aucun fondement juridique malgré la grande autorité du jurisconsulte cité par M. Rolin-Jaequemyns : qu'un État soit viable ou non, peu importe, tant qu'il vit, il a le droit d'être libre et de n'être tué pour personne.

En un mot, et pour résumer mon opinion sur les interventions dans l'empire ottoman, je crois que toute puissance européenne a le droit de secourir les nationalités qui voudraient s'affranchir de la domination turque, mais qu'aucune n'a le droit de s'immiscer dans les affaires intérieures de la Turquie (1).

(1) Je n'ai pas voulu parler dans cet exposé historique du secours donné aux Grecs et aux Belges pour reconquérir leur indépendance, car ces faits ne constituent pas, à mes yeux, des véritables interventions. Peut-être aurais-je dû m'occuper du secours donné au Sultan en 1840 contre Mehemet-Ali, ou de celui que prêta la Russie à l'Autriche en 1848 pour soumettre les Hongrois ; mais ces faits me semblent constituer plutôt une complicité d'intervention qu'une intervention proprement dite.

CONCLUSION

En résumant les idées exprimées dans cette étude, je dirai que la seule doctrine à laquelle je puis souscrire, c'est celle qui admet le principe de non-intervention d'une façon absolue et sans aucune exception. Cette doctrine, personne ne saurait le contester, a seule l'avantage d'être logique, et dans mon étude j'ai essayé de prouver que toutes les autres doctrines sur la non-intervention sont injustes et pleines de dangers.

Disons en terminant que, heureusement pour l'humanité, la non-intervention n'est pas un simple désir humanitaire ou un rêve doctrinaire : elle est au contraire la tendance de notre siècle et de sa civilisation. C'est ce que constatait en 1870 le roi Guillaume de Prusse, dans le message prononcé à l'ouverture de la quatrième session du parlement de l'Allemagne du Nord : « Chez les gouvernements, comme chez « les peuples du monde actuel, la conviction s'accroît tou- « jours davantage que chaque État a le droit et le devoir « de s'occuper d'une manière indépendante du bien public, « des progrès de la liberté et du respect de la justice dans « sa propre maison, et que les forces défensives de chaque « pays sont destinées seulement à protéger l'indépendance « nationale, nullement pour restreindre l'indépendance de « l'étranger (1). »

Chaque peuple libre chez soi, telle est la justice dans les rapports internationaux, et tel sera, je pense, le dernier mot de l'avenir sur la non-intervention.

(1) *Thronrede zur Eroffnung des Reichstages am* 14 *Februar*, 1870, *Staatsarchiv*, Hamburg, 1870, n° 3978, S. 146.

TABLE DES MATIÈRES

6890. — Tours, imp. ROUILLÉ-LADEVÈZE, rue Chaude, 6.

www.ingramcontent.com/pod-product-compliance
Ingram Content Group UK Ltd.
Pitfield, Milton Keynes, MK11 3LW, UK
UKHW021118220726
13924UKWH00004B/1782

9 782329 067094